UM PASSO À FRENTE
Catequese de Iniciação II
Catequista

Coleção Deus Conosco

UM PASSO À FRENTE
Catequese de Iniciação II
Catequista

Lydia das Dores Defilippo
Lucimara Trevizan
Fausta Maria Miranda
Pe. Almerindo Silveira Barbosa

Petrópolis

© 1990, 2019, Editora Vozes Ltda.
Rua Frei Luís, 100
25689-900 Petrópolis, RJ
www.vozes.com.br
Brasil

24ª edição, 2019.

1ª reimpressão, 2023.

Todos os direitos reservados. Nenhuma parte desta obra poderá ser reproduzida ou transmitida por qualquer forma e/ou quaisquer meios (eletrônico ou mecânico, incluindo fotocópia e gravação) ou arquivada em qualquer sistema ou banco de dados sem permissão escrita da editora.

CONSELHO EDITORIAL

Diretor

Volney J. Berkenbrock

Editores

Aline dos Santos Carneiro

Edrian Josué Pasini

Marilac Loraine Oleniki

Welder Lancieri Marchini

Conselheiros

Elói Dionísio Piva

Francisco Morás

Gilberto Gonçalves Garcia

Ludovico Garmus

Teobaldo Heidemann

Secretário executivo

Leonardo A.R.T. dos Santos

Projeto gráfico e diagramação: Ana Maria Oleniki
Revisão: Alessandra Karl
Ilustrações: Alexandre Maranhão
Capa: Ana Maria Oleniki

ISBN 978-85-326-6145-6

Este livro foi composto e impresso pela Editora Vozes Ltda.

SUMÁRIO

Apresentação, 7

Orientações metodológicas, 9

SEMENTES DO AMANHÃ

1. Deus nos chama pelo nome!, 16

2. Guardiões da Criação, 20

3. Celebração: Cuidar do jardim do mundo!, 24

4. Herdeiros do futuro!, 28

CRESCER AMANDO

5. O ser humano é capaz de criar coisas belas!, 32

6. Crianças podem modificar o mundo!, 35

7. Brincadeira de criança, como é bom!, 39

8. Amar é o que há de mais lindo!, 42

9. Quem vive comigo? A família, 46

10. Em família podemos crescer no amor, 50

11. Celebração: Em Família amar e cuidar, 54

IGREJA: A GRANDE FAMÍLIA DOS AMIGOS DE DEUS

12. A grande família de Deus: A Igreja, 58

13. Igreja, casa de Deus e dos cristãos!, 61

14. Quero ser Igreja viva!, 66

15. Pai-nosso: A oração de Jesus e dos cristãos!, 69

16. Celebração: Ser Igreja, comunidade de amor, 72

VIVER A VIDA CONSTRUINDO A CADA DIA A ALEGRIA

17. O trabalho da criança é estudar, 76

18. O diferente merece respeito!, 80

19. Crescer... Dói?, 83

20. Vivemos e morremos!, 86

21. Tudo junto e misturado: O belo e o feio em nós, 90

22. A mentira tem vida curta, 94

23. A comparação, 98

24. Viver com confiança, 102

25. Jesus nos revela o amor!, 105

26. Celebração: Ser sal e luz do mundo, 108

ANEXOS

ANEXO 1 – Campanha da Fraternidade, 112

ANEXO 2 – Celebração da Páscoa: Jesus ressuscitou! Aleluia!, 114

ANEXO 3 – Celebração: Maria, a mãe de Jesus e nossa!, 117

ANEXO 4 – Celebração: A Bíblia, Deus fala com seu povo!, 120

ANEXO 5 – O (a) Padroeiro(a) da minha comunidade, 123

ANEXO 6 – Celebração de Natal: Um menino nos foi dado!, 126

REFERÊNCIAS, 129

Apresentação

A Coleção Deus Conosco oferece uma catequese à serviço da Iniciação à Vida Cristã e, portanto, atenta as grandes características da inspiração catecumenal, como nos pede a Igreja hoje. O seu foco principal é o anúncio de Jesus Cristo, num processo de amadurecimento da fé e crescimento na vida cristã.

Outra marca presente na coleção é a preocupação com uma catequese que esteja atenta a realidade do catequizando na cultura atual. Além disso, o catequizando é o grande protagonista, ou seja, o sujeito do próprio caminho. Aprende dialogando, brincando, refletindo, descobrindo o gosto bom de viver em comunidade e ser amigo de Jesus.

Destaco também que a Palavra de Deus é a grande fonte e alimento de todo o itinerário da Coleção. Os autores se preocuparam em adequar o uso dos textos bíblicos de acordo com a idade do catequizando, sem deixar de despertar para a beleza da Palavra de Deus.

Cada encontro catequético quer resgatar uma das mensagens mais preciosas do cristianismo: Deus tem fé em nós. Ele está conosco. Por isso, posso dizer que o grande objetivo dos encontros catequéticos é provocar a confiança (fé) em Deus, que não desiste de nós, apesar de nossos fracassos e fragilidades. Ele não desiste, pois até o próprio Filho nos enviou para revelar o seu amor por nós. Contagiando o catequizando com essa Boa Notícia, a Coleção quer provocar o desejo, em cada um, de ser testemunha da bondade, fraternidade, compaixão, mansidão e misericórdia de Deus.

Inês Broshuis
Catequéta. Foi assessora Nacional de Catequese e membro
da Comissão Catequética do Regional Leste II – CNBB.
Autora de vários livros de catequese.

ORIENTAÇÕES METODOLÓGICAS

1. Características da Coleção Deus Conosco que são de inspiração catecumenal:

- Propõe uma catequese querigmática e mistagógica, proporcionando o encontro com Jesus Cristo, num processo de iniciação à vida cristã.

- A Palavra de Deus ocupa lugar central e é a grande fonte dos encontros catequéticos.

- Leva em conta o desenvolvimento da experiência de fé do catequizando em cada faixa etária.

- Proporciona um processo interativo em que o catequizando faz o caminho, nos passos de Jesus. O catequizando é, então, sujeito do processo iniciático.

- Inicia o catequizando na vivência celebrativa da fé. Gradativamente o catequizando vai descobrindo o amor de Deus em sua vida, aprendendo a se relacionar intimamente com Ele e a celebrar a sua fé em comunidade.

- A criatividade, o clima de alegria, de participação, oração e celebração marcam os encontros catequéticos que são propostos.

- Leva a descoberta da vida em comunidade e o engajamento em ações concretas.

- Proporciona a experiência de fé, de confiança no Deus que está conosco nos caminhos da vida.

- Propõe o envolvimento das famílias durante todo o caminho catequético.

- Leva a um compromisso com a transformação da realidade.

2. O encontro de catequese

A catequese é o lugar de encontro do catequizando com ele mesmo, com Deus, com a comunidade cristã e com o próprio grupo de amigos. A coleção propõe o desenvolvimento do encontro com os seguintes elementos:

Objetivos do encontro	Material necessário	Preparação do ambiente
O que se deseja proporcionar com o conteúdo do encontro.	Indicação de materiais, dinâmicas, músicas, vídeos, filme.	Orientação sobre como organizar o espaço do encontro.

Passos do encontro

OLHAR A NOSSA VIDA

Propõe uma reflexão que desencadeia o levantamento das experiências do grupo a respeito do assunto a ser conversado. É o momento do VER e acolher a vida do catequizando. O catequista provoca a conversa, tira do grupo o que pensa, vive ou viveu e o que sabe, a respeito do tema proposto para o encontro. Isso pode ser feito de diversas maneiras, através de dinâmicas, trabalho em grupo e outros. Se não levarmos em conta a experiência do catequizando, a mensagem cristã, não os atinge, nem é assimilada.

ILUMINAR A NOSSA VIDA

Busca-se discernir e compreender a vida à luz da Palavra de Deus. É o momento de realizar o confronto entre a experiência constatada e vivida com a mensagem cristã. É o momento do aprofundamento do conteúdo da mensagem cristã, do tema do encontro.

NOSSO COMPROMISSO

O grupo de catequizandos, com a ajuda do catequista, verifica o que precisa mudar no jeito de ser, de pensar, de agir, a partir do que foi refletido no encontro catequético, à luz da Palavra de Deus. Será possível assumir compromissos de mudança, de acordo com a faixa etária. É o passo concreto para colaborar na mudança da realidade. A catequese é, sobretudo, uma Vivência. A mensagem cristã que ela anuncia é para ser vivida.

CELEBRAR O NOSSO ENCONTRO

É o tempo do diálogo com Deus, de celebrar a vida e a fé: o que o grupo e cada um dos catequizandos têm a dizer a Deus a partir do que está vivendo e do que descobriu e refletiu no encontro. O grupo será mobilizado a ter atitudes de agradecimento, perdão, louvor, silêncio. São sugeridos o uso de símbolos, gestos e bênçãos.

NO LIVRO DO CATEQUIZANDO

O livro do catequizando propõe atividades que ajudam a aprofundar o conteúdo do encontro. O catequista verifica o que poderá ser feito durante o encontro e/ou em casa. Mas, precisará acompanhar o que for sendo realizado pelo catequizando.

NA NOSSA FAMÍLIA

Motiva o envolvimento da família nas descobertas e reflexões propostas no encontro catequético.

OS ANEXOS

Os anexos abordam temáticas complementares ao conteúdo proposto pelo itinerário de cada livro. Optou-se por apresentá-las como anexos, para que cada catequista as inclua no tempo adequado, adaptando-as de acordo com a realidade local.

AS CELEBRAÇÕES

Além do encontro catequético conduzir ao momento orante e celebrativo, o itinerário proposto em cada livro da coleção levará o catequizando a celebrar cada passo dado no caminho. Cada celebração também se encontra no livro do catequizando para facilitar a preparação e o seu envolvimento.

Algumas "dicas" importantes

- A Coleção Deus Conosco é um instrumento para o processo catequético de Iniciação à Vida Cristã. Cabe a cada catequista adaptar as propostas dos encontros à sua realidade.

- É preciso sempre insistir num jeito (método) participativo, provocando o envolvimento dos catequizandos e o gosto pelo diálogo. Saber conduzir a conversa, é fundamental num encontro. O segredo do encontro é o diálogo. É saber lidar com os sonhos, as dores, as alegrias, os vazios, as esperanças e decepções de cada um. Num verdadeiro encontro, não há perdedores e vencedores, mas a delicada arte da participação, do envolvimento. O catequista é a pessoa que provoca a "revelação" de cada um.

- O ritmo de caminhada do grupo de catequizandos precisa ser respeitado. Portanto, se ocorrer de terminar o tempo de encontro, por exemplo, no momento de "iluminar o nosso encontro", aprofundam-se os passos seguintes na próxima semana. Não pode haver pressa em passar para o próximo momento do encontro ou conteúdo do livro.

- O como apresentar o conteúdo, também é conteúdo. Tudo é importante: a acolhida, a maneira com que provocamos a participação, acolhemos as opiniões diferentes, corrigimos os desvios, rezamos etc.

- O catequista é testemunho de amor na vida de cada um dos catequizandos. Por isso, evita brincadeiras e músicas que "infantilizam", ridicularizam ou provocam competição. Trata a cada um com igualdade, não se considera superior a ninguém. Acolhe a todos com muito carinho e amor.

- O encontro catequético precisa ser preparado pelo catequista com antecedência. Desafiados pela cultura atual os encontros propostos nos livros da coleção apresentam, pelo menos, três cuidados:

  - ➤ A música está presente em todos os encontros.

  - ➤ O encontro proposto conduzirá a "produção" de reflexão, de debates, de painéis etc. Considera-se o catequizando como alguém capaz de gerar novo jeito de ser e viver.

  - ➤ O uso de vídeos, gravuras, filmes, pinturas é sugerido, pois a cultura atual é a da imagem.

Recursos utilizados nos encontros

Os encontros propõem o uso de recursos atuais que ajudam o processo de iniciação, como filmes, músicas religiosas, música popular brasileira, poemas, fotos, gravuras, pinturas, cartazes, encenações e outros. O catequista, na medida do possível, providencie o que for pedido e faça as adaptações necessárias à realidade. Isto será importante para a dinamização dos passos do encontro. Tudo isto misturado com muito amor, amizade, paciência e sabedoria.

Sobre a linguagem

Optamos por uma linguagem mais existencial, direta, objetiva, que traga sentido para a vida. A escrita de cada encontro já é a narrativa do diálogo do catequista com o grupo de catequizandos. Necessitando, evidentemente, das adaptações a realidade de cada comunidade e catequizandos.

O maior desejo é que esse itinerário proposto pela Coleção Deus Conosco provoque a vivência do amor e, assim, promova o encontro com aquele que é verdadeira Alegria da nossa vida, Deus mesmo. Diz a 1ª Carta de São João: "Caríssimos, amemo-nos uns aos outros, porque o amor vem de Deus e todo aquele que ama nasceu de Deus e conhece Deus. Quem não ama, não chegou a conhecer Deus, pois Deus é amor" (1Jo 4,7-8.)

O caminho é Jesus Cristo. Foi Jesus quem nos revelou o amor de Deus. Crer em Jesus, o enviado do Pai, e viver o amor entre nós, já é experimentar vida plena e feliz. A verdadeira vida brota do amor e é "eterna". Amar é viver e fazer viver.

Todo esforço e empenho empreendido no itinerário catequético vale a pena pela alegria de ver alguém "que nasceu de novo", que se apaixonou por Jesus Cristo e sua proposta e aprendeu a ver o mundo com outro olhar.

Com desejos de alegria na missão, receba nosso abraço,

Os autores

Deus nos chama pelo nome!

*Você é precioso aos meus olhos,
porque eu gosto de você e o amo. (Cf. Is 43,4)*

Objetivos do encontro

- Perceber que Deus nos conhece, nos ama e nos chama pelo nome.
- Compreender que na catequese vamos dar "um passo à frente" na amizade com Deus, com os amigos.

Com muito carinho acolher os catequizandos e possibilitar que todos se conheçam. Deus sabe quem é cada um de nós e é nosso amigo. Seremos amigos de Deus se formos amigos e irmãos uns dos outros.

Material necessário

- Crachá para cada catequizando.
- Um celular ou máquina fotográfica.
- Folha de papel kraft com desenho de uma flor com 6 pétalas, para escrever nelas os compromissos assumidos pela turma.
- Verificar a possibilidade de providenciar o som e CD com a música sugerida: "Eu quero lhe abraçar" (CD *Sementinha 4* – Paulinas-Comep.) Na impossibilidade, verificar se é possível encontrar a música pela internet do seu celular.

Preparação do ambiente

- Organizar as cadeiras em círculos ou que os catequizandos possam se sentar no chão.
- Preparar uma mesa, no centro do círculo, com a Bíblia aberta no versículo de Is 43,1-5a. Uma vela acesa.
- A foto que será tirada no final do encontro pode ser impressa e colocada num cartaz. Mas, é possível também criar grupos com os pais dos catequizandos e enviar a foto para todos pelo celular.

PASSOS DO ENCONTRO

 Olhar a nossa vida

Queridas crianças, que bom estarmos juntos para iniciar a nossa catequese! Quantos somos!... Vocês guardaram ou sabem o meu nome? Eu me chamo... e vou colocar aqui no peito um crachá com meu nome para todos guardarem. Eu gostaria de saber os nomes de todos vocês e guardar "de cor", isto é, no meu coração. Vou espalhar os crachás no centro da roda, ao redor da Bíblia. Vocês todos, de pé, vão olhando onde está o seu crachá. Ao apanhá-lo, cada um por vez, vai dar um passo à frente, na roda, e dizer: "Eu sou Carlos" (ou o nome que tiver), pega o crachá e fica esperando todos colocarem seus crachás.

(Depois que todos estiverem de crachá.) Vamos dizer juntos: com "um passo à frente" ficamos mais pertos uns dos outros. (Pedir para ler os nomes dos amigos nos crachás.)

Agora vamos brincar de "Minha direita está vaga" e todos seremos chamados pelo nome, com amizade e carinho. Ao fazer a roda, deixar um lugar vago. A criança que tem um lugar vazio à sua direita diz: Minha direita está vaga, quero aqui do meu lado... (diz o nome de alguém que está na roda e este vem ficar no lugar vazio). E quem ficou com a direita vaga continua a brincadeira. E assim sucessivamente, procurando que todas as crianças sejam chamadas.

Após a brincadeira, conversar sobre: Gostaram de ser chamados pelos seus nomes? Alguém tem apelido? É pelo nome e sobrenome que somos conhecidos e reconhecidos. Vamos observar uns aos outros, há alguém igual? Como somos diferentes! Cada pessoa é única, importante aos olhos de Deus.

 Iluminar a nossa vida

Nossos pais nos conhecem bem. Na catequese vamos nos conhecer sempre mais. Mas, existe alguém que nos conhece de uma maneira especial. Quem é? (Ouvir.) É Deus nosso Pai. Ele nos conhece, nos ama e nos chama pelo nome, isto é, sabe quem é cada um de nós.

No livro da Bíblia está escrito assim: *"Eis o que diz o Senhor Deus: "Eu chamo você pelo nome, você é meu, e eu sou o Senhor seu Deus. Você é precioso aos meus olhos, porque eu gosto de você e o amo. Fique tranquilo, porque eu estou com você".* (Cf. Is 43,1.3-5.)

Se somos amados por Deus podemos dizer também que somos seus filhos queridos, então precisamos ser amigos e irmãos uns dos outros, certo? Agora me digam: como podemos mostrar que somos irmãos e amigos? (Orientar para fazer a atividade no livro do catequizando, onde preenchem as atitudes necessárias para viver como amigos e irmãos uns dos outros.)

Estamos na catequese porque Deus nos chamou. Aqui vamos nos conhecer sempre mais e toda semana, juntos, vamos procurar conhecer melhor este nosso Deus que nos conhece. Também queremos conversar com Ele e lhe dar nosso amor.

 Nosso compromisso

Se somos amigos de Deus, somos amigos e irmãos uns dos outros. Como podemos mostrar que somos irmãos e amigos de Deus? (Ouvir.)

Oferecer dicas para ajudar a reconhecer que pequenas atitudes podem nos tornar amigos uns dos outros e de Deus, como por exemplo: tratar bem a todos, conhecer o nome, colaborar em alguma coisa, brincar juntos, sem brigas, pedir desculpas quando magoamos, ficar alegre quando estivermos juntos.

Os compromissos assumidos em grupo poderão ser escritos nas pétalas da flor da amizade num cartaz na sala do encontro catequético.

Se ficarmos grande amigos, nossos encontros serão muito felizes e gostosos.

 Celebrar o nosso encontro

Vamos de pé, em círculo, ficar bem quietinhos e lembrar que Deus nos ama e nos chama pelo nome. Vamos falar com ele no pensamento, no coração, que nós também gostamos dele, que nós o amamos como nosso Deus e amigo. (deixar uns minutos de silêncio, pode-se colocar até música instrumental.)

Agora dando "**um passo à frente**" vamos dizer todos juntos: *"Eis-me aqui, Senhor! Quero conhecer e amar você".*

Vamos nos virar de frente um para o outro (dois a dois) e dar as mãos. Vamos dizer todos juntos, uns para os outros: *"Eis-me aqui (nome da pessoa), quero ser seu amigo".*

Todos de mãos dadas em roda, vamos rezar a oração dos amigos e filhos de Deus: Pai-nosso...

Música: Eu quero lhe abraçar (CD *Sementinha 4* – Paulinas.)

Vou tirar uma foto da turma com meu celular e enviar para vocês (por e-mail, WathsApp, outros.)

➡ No livro do catequizando

↳ Orientar as atividades propostas.

➡ Na nossa família

↳ Mostrar o seu livro a todos de casa e perguntar se gostaram.

↳ Contar para os amigos quem é sua catequista e quem são seus amigos da catequese.

↳ Escolha um amigo ou amiga, que está mais sozinho e dê "um passo na direção dele(a)", brincando junto, conversando...

Guardiões da Criação!

Cultivar e guardar a criação. (Cf. Gn 2,15)

Objetivos do encontro

- Compreender o que significa ser responsável por cultivar e guardar a criação.
- Identificar as atitudes que precisam ser desenvolvidas como expressão de compromisso com a natureza e o planeta.

O catequizando precisa se sentir responsável pelo cuidado com a nossa "casa comum", nosso planeta e assumir atitudes de guardião da criação.

Material necessário

- Providenciar folhas verdes ou levar uma planta com folhagem verde, sementes, legumes...
- Vaso com terra e uma muda de flor ou folhagem para ser plantada durante o encontro.
- Procurar na internet a música "Herdeiros do Futuro" (Toquinho), ou "Natureza mãe" (Eliana), ou ainda Planetinha (Pe. Zezinho.)
- O poema completo "Canção do exílio", de Gonçalves Dias pode ser encontrado na internet.
- Procurar o vídeo "Um plano para salvar o planeta" da turma da Mônica, disponível na internet. Sugerir para ser assistido em casa, se possível exibir na catequese.

Preparação do ambiente

- Preparar uma mesa com a Bíblia aberta em Gn 2,15. Uma vela acesa ao redor da Bíblia e também folhas verdes, sementes, frutas, legumes...
- Organizar as cadeiras em círculo.

PASSOS DO ENCONTRO

 Olhar a nossa vida

A natureza desperta em nós muito encanto. O poeta Gonçalves Dias tem uma poesia chamada "Canção do Exílio" que começa assim:

> "Minha terra tem palmeiras, onde canta o sabiá;
> As aves, que aqui gorjeiam, não gorjeiam como lá.
> Nosso céu tem mais estrelas, nossas várzeas têm mais flores,
> Nossos bosques têm mais vida, nossa vida mais amores".

Neste poema, o poeta que estava em outro país, exalta com saudade a beleza da natureza de sua terra: o Brasil. A natureza é uma maravilhosa obra de Deus para o ser humano. Deus criou seres vivos de todas as espécies e deu ao homem a capacidade de cuidar, fazer crescer, frutificar o bem de todos. Como cuidamos da vida que está ao nosso redor? (Ouvir.)

O Papa Francisco escreveu um documento onde nos pede para "Viver a vocação de guardiões da obra de Deus" (*Laudato Si*, 217). No Brasil há uma das maiores florestas do mundo. Vocês sabem o nome dela? A floresta Amazônica! Ela é cortada por um grande rio chamado Rio Amazonas. A maior parte desta floresta fica no Estado do Amazonas, no norte do Brasil. Ela é necessária para o mundo inteiro. Ela é conhecida como o "pulmão do mundo". É que as plantas purificam o ar e o tornam puro e sadio para a gente respirar. As matas e florestas precisam ser preservadas.

Ao invés de cuidar, o homem tem destruído cada vez mais a natureza. Por isso, precisamos preservar o meio ambiente, quer dizer: conservar o verde com seus bichos e plantas, conservar a água dos rios e mares com seus peixes, evitar a poluição das fábricas. Quais são as florestas, parques da nossa região que precisam ser preservadas? Quais as árvores que você conhece?

Na televisão aparece mais notícia de conservação ou destruição da natureza? De que lado você está? De quem protege ou de quem destrói? Você conhece alguém que protege a natureza, as florestas, rios e mares?

Música: Herdeiros do Futuro (Toquinho) ou o Planetinha (Pe. Zezinho) ou "Natureza mãe" (Eliana.)

► Iluminar a nossa vida

Deus nos pede para cultivar e guardar a criação (Gn 2,15). A terra existe antes de nós, foi-nos dada de presente. O ser humano pode tirar da terra aquilo que necessita para sua sobrevivência. Mas, também precisa proteger e garantir que a terra seja fecunda para as próximas gerações. Isso significa agir comedidamente.

O ser humano tem a tendência de querer sempre mais, acumular coisas. Como vemos isso no nosso dia a dia? Podemos observar nas festinhas de aniversários aqueles que vão para a mesa de doces e salgados e voltam aos seus lugares com as mãos lotadas, quase derrubando pelo caminho. No entanto, quando sentam para comer acabam não dando conta de tudo e largam o salgado ou doce, inteiro ou pela metade. Esse tipo de atitude se repete em relação à natureza: deixar a torneira aberta ao escovar dentes, ir à praia e deixar o lixo na areia, jogar papéis de doces e balas pela janela do carro. Enfim, agimos sem consciência do que fazemos, não pensamos nas consequências. Precisamos pensar no futuro do planeta, nossa casa comum, e garantir que no futuro outros seres humanos possam habitar este mundo.

Guardar significa proteger, cuidar, preservar. A Deus pertence todo o planeta e tudo o que nele vive é obra de sua criação. Nós somos os escolhidos para colaborar com Deus, cuidando da Terra, promovendo a continuação da vida e sua sobrevivência.

Nosso compromisso

Podemos começar cuidando das árvores da nossa rua, das plantas que temos em casa, dos jardins e parques da nossa cidade. Podemos também cuidar dos nossos rios não jogando remédios, vencidos ou não, no vaso sanitário, mas entregá-los nas farmácias que os recolhem. Outra ação concreta é não jogar óleo de cozinha usado na pia, mas reunindo o óleo em garrafas para entregar em postos de recolhimento ou em um local que dará outra destinação a ele.

Podemos também diminuir o uso de material descartável: copos, pratinhos, colheres, garrafas etc. Este material descartável é utilizado nas nossas festas e acabam, muitas vezes, nos rios. Ou ainda, podemos separar o lixo reciclável. Cuidar dos brinquedos para evitar que se tornem lixo e fazer doação dos brinquedos em boa condição, quando você não quer mais, para as crianças que não têm.

Veja na sua casa os cuidados que faltam para com a natureza, apresente a sua família para que possam decidir juntos algumas atitudes que podem ser realizadas.

➡️ Celebrar o nosso encontro

Como gesto concreto, vamos fazer um compromisso. Fiquemos em círculo ao redor da Palavra de Deus e das folhas e sementes. Levantando a mão direita vamos dizer:

> *Querido Deus, agradecemos pelo lindo presente que é esse mundo onde vivemos. Hoje nos comprometemos em sermos Guardiões da Tua Criação. Amém!*

Como primeiro gesto como Guardiões da natureza, vamos plantar uma muda de planta (ou até mesmo de uma árvore, onde for possível.)

➡️ No livro do catequizando

- Orientar e acompanhar a realização das atividades.

➡️ Na nossa família

- Observar as espécies de plantas no caminho até sua casa. Pergunte aos seus pais o nome de plantas e árvores que você não conhece.

- Observe no bairro onde você mora as árvores e plantas no caminho por onde passa.

- Comentar o tema do encontro e convidar a família para assumir com ele(a) a missão de serem guardiões da natureza: verificar se caso não tiver árvore plantada em casa, a possibilidade de plantar. Ainda podem pedir aos pais para escolherem no supermercado produtos que façam menos mal ao meio ambiente...

- Procurar o vídeo "Um plano para salvar o planeta" da turma da Mônica e assistir em casa.

Celebração
3. Cuidar do jardim do mundo!

E Deus viu tudo quanto havia feito e achou que era muito bom. (Gn 1,31a)

Objetivo da celebração

- Celebrar a criação de Deus e nossa vocação, responsabilidade, de "guardiões" da natureza, que cuidam e preservam tudo o que Deus criou.

Material necessário

- Vasos com flores, pétalas de rosa.
- Gravuras de animais, árvores, florestas, rios, mares, planeta terra...
- Vasilha com água perfumada.
- Distribuir entre os catequizandos as funções durante a celebração.
- Providenciar um suco e biscoitos para o final da celebração (se possível.)

Preparar o ambiente

- Organizar as cadeiras em círculo.
- No meio do círculo colocar uma mesa com panos coloridos e a Bíblia aberta em Gn 1,26-31, vela, gravuras de animais, árvores, florestas, mares, rios, planeta terra... vasilha com pétalas de rosas.
- Na abertura os vasos com flores ao redor e a vasilha com água perfumada entrarão e devem ser colocados sobre a mesa.
- Mesa, vela grande, vaso de flores, vasilha transparente com água perfumada e pétalas de rosas.
- Se for possível realizar a celebração num espaço aberto.

Passos da Celebração

 **Acolhida**

Catequista: Vamos iniciar nossa celebração cantando.

Refrão: Um girassol, florido no jardim, buscando a luz do sol, sorriu para mim. Eu também sou pequeno girassol, buscando a luz de Deus. Sou feliz assim! (bis) (O Girassol – Frei Fabreti.)

Entrada das Flores: (Enquanto canta-se, entram um vaso com flores e a vasilha com água perfumada e pétalas.)

Catequista: Em nome do Pai, do Filho e do Espírito Santo.

Todos: Amém!

 Louvor das criaturas ao Senhor

Catequista: Inspirados pelo profeta Daniel vamos louvar a Deus (Dn 3)

Lado A: Obras do Senhor, céus e anjos, louvai-o e exaltai-o pelos séculos sem fim!

Todos: A Ele glória e louvor eternamente!

Lado B: Águas do alto céu, lua e sol, astros e estrelas, bendizei o Senhor!

Lado A: Chuvas e orvalhos, brisas e ventos, frio e calor, bendizei o Senhor!

Lado B: Geada e frio, fogo e garoas, noites e dias, bendizei o Senhor!

Lado A: Luzes e trevas, raios e nuvens, ilhas e terras, bendizei o Senhor!

Lado B: Montes e colinas, mares e rios, fontes e nascentes, bendizei o Senhor!

Lado A: Baleias e peixes, pássaros do céu, feras e rebanhos, bendizei o Senhor!

Lado B: Filhos dos homens, louvai-o e exaltai-o pelos séculos sem fim!

Todos: Glória ao Pai, ao Filho e ao Espírito Santo, como era no princípio agora e sempre. Amém!

Proclamação da Palavra

Canto de aclamação: É como a chuva que lava, é como um fogo que arrasa. Tua Palavra é assim, não passa por mim sem deixar um sinal.

Leitor 1: "Deus disse: "Façamos o ser humano à nossa imagem e segundo nossa semelhança". (Gn 1,26a)

Leitor 2: "Deus disse: Eis que vos dou todas as plantas que produzem sementes e que existem sobre a terra, e todas as árvores que produzem fruto com semente, para vos servirem de alimento". (Gn 1,29)

Leitor 3: "E a todos os animais da terra, a todas as aves do céu e a todos os seres vivos que rastejam sobre a terra, eu lhes dou os vegetais para alimento". (Gn 1,30)

Todos: "E Deus viu tudo quanto havia feito e achou que era muito bom". (Gn 1,31a)

Catequista: E Deus colocou o ser humano no jardim para "cultivar e guardar a criação" (Cf. Gn 2,15).

Catequisa: Nós já falamos das belezas criadas por Deus. Tudo é obra de Deus e Ele nos chama para sermos guardiões de tudo o que Ele criou: o planeta terra, a água, a natureza, os animais. O que mais? (Ouvir.). Ser imagem e semelhança de Deus significa que trazemos em nós um pouco de Deus e que tudo que ele fez é perfeito. O Plano de Deus era a harmonia entre os seres humanos e a criação. Mas, o ser humano é capaz de destruir, explorar, até esgotar os recursos da natureza. As matas e os rios, os mares, as florestas e os animais correm perigo. Deus pede nossa ajuda para cuidar do mundo, como se faz com a casa da gente, cuidando, preservando, mantendo-o bonito para nós e para os outros que chegarem depois, pois a terra é a grande casa, nossa mãe, que a todos abriga e sustenta. Você quer ser guardião da natureza? (Ouvir.)

Nesse momento vamos, um de cada vez, colocar a mão na Bíblia aberta e dizer: Querido Deus conte comigo, como guardião da tua criação!

 **Preces de louvor**

Catequista: Apresentamos a Deus o nosso coração agradecido pelo chamado a participar da catequese e a ser seu guardião no meio do mundo.

Todos: Nós te agradecemos Senhor!

- Senhor Deus, nós te agradecemos por tudo o que criaste: o planeta terra onde vivemos, a natureza, os animais!
- Senhor Deus, nós te agradecemos por cuidar de nós com tanto carinho!
- Senhor Deus, nós te agradecemos por nos chamar para sermos guardiões da natureza!

Catequista: Senhor, "nós vos louvamos por todas as coisas bonitas que existem no mundo e também pela alegria que dais a todos nós. Nós vos louvamos pela luz do dia e por vossa Palavra, que é nossa luz. Nós vos louvamos pela terra onde moram todas as pessoas. Obrigada pela vida que de Vós recebemos" (Oração Eucarística com crianças).

Todos: Nós te agradecemos Senhor!

 Oração de bênção da água perfumada

Catequista: Senhor Deus, vem abençoar esta água, que ela nos anime a ser fonte de amor e cuidado para com toda a criação, obra de tuas mãos. Amém!

(Todos são convidados a tocar na água perfumada e fazer o sinal da cruz na testa. Pode-se cantar ou colocar um fundo musical alegre.)

Canto final: (a escolha.) Enquanto se canta jogar as pétalas de rosas sobre todos.

Convidar para a confraternização.

4 Herdeiros do Futuro!

Coragem! Sou eu! Não tenhais medo. (Mt 14,27b)

Objetivos do encontro

- Compreender que nossas atitudes no presente, no hoje, serão os resultados do que viveremos no futuro, no amanhã.
- Reconhecer o papel de cada um na construção do futuro, de um mundo melhor.

O catequizando precisa perceber que vamos construindo o futuro a cada dia. Podemos começar já, semeando bondade, amizade, sonhos, amor.

Material necessário

- Procurar na internet a música "Sol, lua e estrelas" (*Palavra Cantada*) e também a música "Depende de nós" (Gonzaguinha). Se possível providenciar a letra das músicas para todos os catequizandos. Pode-se fazer um cartaz com a letra de cada música.
- Cortar tiras de papel para serem utilizadas no momento da celebração do encontro.
- Um cartaz com a frase: O que quero ser quando crescer?

Preparação do ambiente

- Organizar cadeiras em círculos ao redor da mesa com a Bíblia aberta, flores, vela.
- Colocar no centro do círculo o cartaz.

PASSOS DO ENCONTRO

Olhar a nossa vida

Música: "Sol, Lua e Estrela" (*Palavra Cantada*). Podemos fazer uma ciranda.

A música nos ajuda a entender que desde pequenos já começamos a perguntar "Quem sou?", "Onde é que estou?", "Para onde é que eu vou?", "No que é que isso vai dar?", "Meu Deus do céu onde é que eu vim parar?".

Viemos parar num lindo "planeta azul" chamado Terra, numa família, numa cidade, na catequese. Você já sabe o que vai ser quando crescer? (Ouvir.)

Somos chamados a viver: a brincar, a dançar, a saltar, a correr, a rir, a chorar. Tudo isso faz parte da vida. Temos uma vida pela frente e "um mundo pra ganhar", como diz a música. O que vai ser da nossa vida não sabemos agora, mas podemos ir construindo devagar um caminho bonito. Um passo à frente de cada vez.

 Iluminar a nossa vida

Jesus nos lembra de algo muito importante: "Coragem! Sou eu! Não tenhais medo" (Mt 14,27b). Ele é nosso amigo, caminha conosco, em meio as "tempestades", ou seja, as dificuldades e dúvidas que a vida nos apresenta. Não precisamos ter medo. A vida é um grande presente que nos foi dado por Deus. Com coragem é preciso seguir em frente confiando que a vida vai ser melhor.

Podemos começar já a fazer o nosso futuro e o do mundo. Isso não significa escolher a profissão. Essa nós escolheremos à medida que formos crescendo, conhecendo melhor o que cada uma desenvolve. Mas podemos promover um futuro melhor para nós e nosso próximo se nos habituarmos a praticar boas atitudes. Assim, podemos optar viver o amor, a bondade, a amizade, o respeito pelas pessoas, o cuidado com a natureza. Que mais? (Ouvir.)

No entanto, é preciso saber desde já que fazer estas opções não é fácil, há sempre a tendência de querer fazer o que é mais rápido, como furar a fila, comer mais do doce na geladeira sem se preocupar com os outros membros da família e muitas outras atitudes que não são adequadas. É preciso lembrar sempre: nosso futuro depende do que escolhemos viver hoje, por isso, somos herdeiros do futuro.

Vamos herdar o que semeamos hoje, ou seja, nossas atitudes no presente serão resultado do que viveremos no futuro, no amanhã. Por isso, precisamos pensar antes de agir, não agir impulsivamente, analisar se nossas atitudes e palavras ajudam ou podem promover conflitos, sermos capazes de considerar as necessidades de nosso próximo.

Podemos responder quem somos não apenas pelo nosso nome e sobrenome, mas pelas nossas atitudes. Se pensarmos em Jesus, quem podemos dizer que Ele é? (Ouvir.) Jesus é justo, honesto, acolhedor, solidário, amigo fiel... Por essas atitudes até hoje Ele é amado. É Jesus quem nos diz para termos coragem. Com confiança vamos vivendo, construindo o futuro.

Música: Sementes do Amanhã (Gonzaguinha.)

 Nosso compromisso

Vamos escrever numa pequena tira de papel o que queremos ser no futuro e, em outra tira, qual semente queremos plantar, ou seja, quais atitudes desejamos praticar/ realizar, para ajudar a construir um mundo melhor.

 Celebrar o nosso encontro

Vamos pedir a Deus que nos dê coragem para dar um passo à frente na construção do futuro. Ao redor da Palavra de Deus vamos colocar nossos desejos e sonhos. Cada um pode colocar dizer em voz alta o que quer ser no futuro e qual semente quer plantar, quais atitudes pretendemos realizar para o mundo ser melhor (dar tempo para cada um ler o que escreveu) e colocar o seu texto ao redor da Bíblia.

Vamos dizer a Deus juntos:

Querido Deus, nós te agradecemos porque nos chamastes a viver e te pedimos coragem, fé e alegria para sermos o melhor que pudermos ser. Amém!

 No livro do catequizando

⤷ Escreva no seu livro o que deseja ser quando crescer e o que quer plantar, realizar, para o mundo ser melhor.

 Na nossa família

⤷ Pergunte aos seus pais o que desejam para o futuro e o que estão fazendo para realizá-lo.

⤷ Converse com sua família sobre as pessoas que souberam preparar o futuro e as que não souberam explorando as atitudes que tiveram no seu convívio na família, no trabalho, na comunidade.

5 O ser humano é capaz de criar coisas belas!

Quem crê em mim fará obras que eu faço e fará ainda maiores do que estas. (Jo 14,12)

Objetivos do encontro

- Perceber que o ser humano é capaz de criar coisas belas e boas para a vida.
- Reconhecer que o ser humano é capaz de fazer o bem, independente da idade que possui.

O catequizando precisa perceber que podemos colocar nossa inteligência para criar coisas incríveis, que geram mais vida. Os obstáculos que surgem não podem nos desanimar nas nossas buscas. O ser humano também cria coisas que destroem a vida.

Material necessário

- Papel kraft grande para um painel de gravuras.
- Levar gravuras com as coisas que o ser humano inventou: máquina a vapor, avião, navios, telefone, trem etc.
- Levar gravura dos planetas em órbita.
- Providenciar cola.

Preparação do ambiente

- Colocar cadeiras em círculo e uma mesa com a Bíblia, a vela e a flor.
- No centro da sala colocar o papel kraft com as gravuras espalhadas para as crianças colarem.

PASSOS DO ENCONTRO

Olhar a nossa vida

O ser humano é parceiro de Deus na criação. Podemos dizer que nós continuamos a criação. Vamos lembrar as importantes obras criadas pelo homem e que modificaram nosso mundo:

- A energia elétrica.
- O avião, o carro.
- O rádio, a TV, o telefone, a internet...
- O microscópio, o telescópio, a espaçonave.
- A agricultura e as técnicas de irrigação das plantações.
- O cinema, a música, a pintura, a arte.
- Os avanços da medicina.

O quê mais? (Ouvir.) Vamos lembrar que, geralmente, todas as invenções surgiram a partir da necessidade de melhorar a vida da gente. Então, nós seres humanos somos capazes de fazer coisas incríveis. (Colocar o papel kraft no chão, no centro da sala. Pedir para as crianças colarem as gravuras. Depois da colagem do painel, cada um pode dizer o que cada invenção trouxe de benefício para o homem.)

Não podemos esquecer que o homem é também capaz de fazer coisas que são contrárias ao desejo de Deus. É capaz de criar coisas que destroem o mundo e as pessoas, tais como as armas e as guerras, os agrotóxicos e tantas outras coisas que, no fundo, é para acumular riqueza e poder. Mas, é importante valorizar o fato de que podemos usar a inteligência a serviço da vida.

Iluminar a nossa vida

Jesus mesmo nos diz que faremos coisas maiores das que ele mesmo fez: "Quem crê em mim fará obras que eu faço e fará ainda maiores do que estas" (Jo 14,12). Nós somos parceiros de Deus e capazes de continuar a sua criação. Podemos criar coisas novas que melhorem a vida.

Uma ideia pode modificar o mundo. Muitas invenções e descobertas surgiram porque a pessoa observou com atenção o mundo a sua volta. Ficou maravilhada com o que viu. Por exemplo, Newton, um cientista famoso, se perguntou admirado, porque uma maçã cai de uma árvore, em linha reta, na terra. Ele descobriu que as mesmas forças que fazem a maçã cair no chão, levam os planetas a girarem ao redor do sol. James Watt se maravilhou com o fato de a tampa de uma panela com água fervendo ficar pulando; com base nisso, inventou a máquina a vapor. Essa invenção foi muito importante séculos atrás.

Mostrar as gravuras da máquina de vapor e dos planetas, para ilustrar a sua fala.

A capacidade de se maravilhar com o mundo, as coisas e pessoas é fundamental para todos os descobridores e cientistas.

 Nosso compromisso

Nós seres humanos podemos continuar criando coisas novas, interessantes, que mudam a nossa vida para melhor. Nosso compromisso hoje será o de sempre perceber que somos capazes de fazer melhor. Ao invés de desistir vamos sempre tentar encontrar saídas, novas ideias, novas propostas. Também podemos melhorar nossa capacidade de admiração pela natureza e pelo mundo.

 Celebrar o nosso encontro

Ao redor da Palavra de Deus vamos nos comprometer a usar nossa inteligência e criatividade para fazer o bem.

Com a mão direita levantada na direção da Bíblia, vamos dizer a Deus:

Querido Deus nós te amamos e queremos te pedir sabedoria para continuar pensando e criando coisas belas que ajudem a humanidade a ser melhor. Conte conosco, somos teus amigos! Amém!

 No livro do catequizando

↳ Não deixe de pensar em algo que poderia ser inventado para melhorar ainda mais a vida neste mundo.

 Na nossa família

↳ Converse com seus pais e pergunte se eles já pensaram em inventar alguma coisa para melhorar o mundo.

6 — Crianças podem modificar o mundo!

Guarda teu coração com todo cuidado, porque dele brotam as fontes da vida. (Cf. Pr 4,23)

Objetivos do encontro

- Descobrir que há crianças que agem para o mundo ser diferente e melhor.
- Perceber que cada um pode fazer brotar mais vida, agindo concretamente, fazendo a diferença no mundo.

No final do encontro ser capaz de perceber que as crianças podem colaborar para o mundo ser diferente. Há crianças em situações muito difíceis e que precisam de ajuda.

Material necessário

- Encapar uma caixa pequena quadrada. Dentro dela, colocar uma folha para cada catequizando. Cada folha precisa ter escrito em letra legível: o que você faria para mudar o que está errado no mundo?
- Se possível providenciar um mapa do mundo, impresso ou em imagem que pode ser projetada no datashow.
- Música: Eco "Ora bolas" (*Palavra Cantada*) para o final do encontro.
- O filme "A corrente do bem" pode ser assistido pela turma num encontro.

Preparação do ambiente

- Colocar uma mesa no centro da sala com as cadeiras ao redor. Em cima da mesa, colocar o mapa do mundo (ou projetar uma imagem do mapa-mundi onde for possível). Em cima do mapa-mundi deverá estar uma caixa secreta, bem lacrada e amarrada, como se fosse um tesouro.
- Dar destaque à Bíblia e colocar uma vela acesa ao lado.

PASSOS DO ENCONTRO

 Olhar a nossa vida

Vamos imaginar que estamos numa viagem para mudar o mundo. Nossa viagem começa e vamos fazer de conta que o avião saiu de nossa cidade e agora passa pelos estados do Nordeste do Brasil. E da janela do avião vemos crianças que estão trabalhando na roça, na lavoura. A seca é grande, falta água. Voando mais um pouco, aterrissamos na África e vemos crianças que não tem o que comer, os pais estão sem trabalho e não tem mais o que dar de comida aos filhos. A fome é grande.

O avião chega à Índia e lá vemos crianças dormindo nas ruas, sem ter casa e família. Não tem cama pra dormir, nem estão protegidas do frio ou chuva. De volta ao Rio de Janeiro vemos vários irmãos dentro de uma casa sozinhos. A mãe e o pai estão trabalhando e os filhos mais velhos tomam conta dos irmãos. Os pais não têm como deixar alguém para tomar conta dos filhos.

O avião continua a sobrevoar o Brasil e na Amazônia vemos crianças numa escola sem quadro, sem carteiras, escrevendo no chão. Mais um pouco adiante num país da América do Sul, a Bolívia, há crianças vendendo coisas pelas ruas, trabalhando ao invés de ir para a escola ou de brincar. E, também vemos crianças roubando pelas ruas.

Vemos pelo mundo muitas coisas tristes acontecendo, sobretudo com as crianças. Nosso mundo é lindo, mas há muitas coisas que precisam ser consertadas, melhoradas.

 Iluminar a nossa vida

A grande surpresa é que há crianças que descobriram um jeito de melhorar o mundo, de fazer um mundo melhor, como Deus quer. Vejamos o que o menino Ryan fez.

Quando Ryan Hreljac, um menino canadense tinha seis anos, ouviu sua professora na escola falar como viviam as crianças na África. Ficou muito comovido quando descobriu que muitas morriam de sede porque não havia água. Perguntou a professora quanto custava para levar água até as crianças. Ela se lembrou de uma organização que perfurava poços na África (WaterCan) e disse que um pequeno poço custaria cerca de R$ 280,00. Ele chegou em casa e pediu para a mãe, e esta não lhe deu o dinheiro, porém ela disse que se ele fizesse pequenas tarefas lhe daria alguns trocados por semana. Quando Ryan juntou o necessário quis enviar para a organização que perfurava poços e descobriu que custava muito mais, cerca de R$ 6.000,00 ou mais. E Ryan não se deu por vencido. Pediu ajuda a seus amigos, familiares, vizinhos e conseguiu o dinheiro para perfurar um poço. Em janeiro de 1999 foi perfurado o primeiro poço em uma vila ao norte de Uganda, na África. Um ano depois com a ajuda dos pais Ryan foi visitar a aldeia e quando lá chegou todos sabiam seu nome, sabiam que foi um menino que abriu o poço que saciou a sede e mudou a vida deles. Ryan não parou de arrecadar fundos e abrir poços. Quando cresceu criou sua própria organização chamada Ryans Well e conseguiu abrir muito mais poços de água pela África. Ryan nasceu em 1991 e já é adulto, sua organização encarrega-se também de proporcionar educação e de ensinar as pessoas das aldeias africanas a cuidar dos poços e da água.

Quando menino, Ryan ficou comovido quando soube das crianças sem água em aldeias na África e deu um jeito de conseguir fazer algo para mudar isso. Você conhece outros exemplos de crianças que mudaram o mundo? (Ouvir.) (Mencionar exemplos de outras crianças: crianças que gostam muito de ler e conseguiram organizar bibliotecas na própria casa para as crianças do próprio bairro; a história de Malala, menina paquistanesa que desde criança lutou pelo direito de as meninas frequentarem a escola no seu país.)

Na Bíblia encontramos uma orientação preciosa: "Guarda teu coração com todo cuidado, porque dele brotam as fontes da vida" (Cf. Pr 4,20-27.) É preciso manter firme nosso coração, ou seja, nossa vida, na direção daquilo que mais importa. Muitas vezes somos enganados pelas falsas necessidades consumistas: comprar coisas, brinquedos, roupas. Até brigamos quando não nos dão o que queremos. Quando abrimos o coração aos outros, somos nós quem mais ganhamos. Uma semente para multiplicar precisa da mão de alguém que a atire mais longe. Podemos ser essa mão que faz brotar mais vida e amor, fazendo a diferença no mundo.

Nosso compromisso

Vamos abrir nossa caixa preciosa e pegar um papel para escrever o que você pode fazer para melhorar o mundo, lembrando que podemos começar em nossa casa, nosso bairro, na escola, com os que estão perto de nós. (Dar tempo para que a atividade seja feita.)

Celebrar o nosso encontro

Nem tudo no mundo precisa ser consertado. Mas, há muitas coisas que precisam ser melhor, sobretudo para as crianças. Ao redor da Palavra de Deus cada um vai ler o que propõe para ajudar a fazer do mundo um lugar melhor para viver e colocar seu desejo de volta na caixa.

De mãos dados vamos rezar.

> Jesus, aqui estão nossas ideias para melhorar o mundo. Acreditamos que com sua ajuda podemos fazer do mundo um lugar melhor, como é o desejo do seu Pai, Deus. Conte conosco na construção de um mundo melhor para todos, especialmente para as crianças. Amém!

No final pode-se cantar a música Eco "Ora bolas" (*Palavra Cantada*.)

Pedir a cada criança para trazer um brinquedo no próximo encontro para doação, se possível.

No livro do catequizando

- Em nosso livro, vamos deixar para pesquisar em casa nomes de crianças que tiveram ótimas ideias para modificar o mundo para melhor.

Na nossa família

- Conte para sua família a história do menino Ryan.

7. Brincadeira de criança, como é bom!

Ele vibra de alegria por tua causa. (Sf 3,17b)

Objetivos do encontro

- Compreender que brincar é um direito da criança e um jeito de viver a vida como Deus quer: com alegria.
- Reconhecer a importância de partilhar brinquedos com crianças que não têm.

Perceber ao final do encontro que brincar é um direito importante para o crescimento e amadurecimento da criança. Fundamental é ter tempo para brincar, sobretudo em conjunto com outras crianças.

Material necessário

- Providenciar a música "Criança não trabalha" (*Palavra Cantada*) e o vídeo "Amigo do Sol, amigo da Lua" (Benito di Paula). Tudo pode ser encontrado na internet. A letra da música pode ser projetada ou copiada numa folha de papel kraft, ou ainda, fazer cópia para cada criança.
- Pensar em brincadeiras antigas para fazer com as crianças no final do encontro: bola no pé, coelhinho na toca, brincadeiras de cadeiras, pique esconde, passar anel etc.
- Levar uma sacola com brinquedos: corda, bola, bonecas, sacos vazios para corrida, dama, dominó, varetas, peteca, pião, bichos.
- Se o grupo de catequizandos aceitar trazer brinquedos para doação, será possível programar uma visita a uma creche da paróquia para doar os brinquedos, por exemplo.

Preparação do ambiente

- Colocar na mesa a Bíblia, uma vela e uma flor.
- Espalhar brinquedos ao redor da Bíblia.

↪ Deixar o espaço livre para brincar no final do encontro ou arrumar outro local da paróquia onde possa ser possível realizar o tempo de brincadeiras.

PASSOS DO ENCONTRO

 Olhar a nossa vida

Vamos ouvir a música "Criança não trabalha" (*Palavra Cantada*) e cantar junto.

Você brinca? Quais as brincadeiras que vocês mais gostam? Que horas você brinca?

Brincar é um direito de toda criança. É a atividade que mais nos ajuda a crescer e desenvolver a inteligência e a convivência com os amigos. Brincar gasta energia, mas faz crescer o corpo, correndo, andando de bicicleta, brincando de pique, passeios a pé, pulando corda ou amarelinha.

Aprendemos com as experiências que dão certo e com as que não dão. Brincar nos ensina a ganhar e também a perder, fazer as pazes ou brigar, a evitar o que prejudica ou machuca. Brincar também é uma maneira de descansar.

 Iluminar a nossa vida

Vamos ver o vídeo com a música "Amigo do Sol, amigo da Lua" (Benito di Paula). O vídeo mostra uma menina a correr, pular, brincar, feliz da vida. Criança é alegria, é brincadeira, é amiga do sol, da lua, da vida. No final do vídeo percebe-se que é uma criança que precisa pagar pra brincar e viver sua vida de criança só por alguns momentos. Muitas crianças hoje parecem a menina do vídeo e podem tudo, menos ser criança.

Deus nos criou para a alegria, a felicidade. E brincar é alegria. Brincar é um jeito de "sonhar um mundo melhor". É um jeito de viver a vida como Deus quer: com alegria. Diz a Bíblia que Deus está no meio de nós e vibra de alegria conosco, Ele nos renova por seu amor (cf. Sf 3,17-18a.) Para Ele é uma felicidade ver uma criança sorrindo.

Nosso compromisso

Vocês têm tempo de brincar? Todas as crianças têm brinquedos e jogos para se divertir? Ou algumas crianças nem possuem muitos brinquedos? Por quê? Em que podemos colaborar para que todas as crianças e também nossos colegas na catequese possam ter brinquedos e participar de brincadeiras com os outros?

Podemos programar uma campanha de brinquedos para doar às crianças carentes de nossa comunidade. É preciso, porém, que cada um prepare o brinquedo, ou seja, que arrume e limpe aqueles que não são mais usados, mas que ainda estão em bom estado de uso.

 Celebrar o nosso encontro

Ao redor da Palavra de Deus e dos brinquedos, ler novamente o texto bíblico Sf 3,17-18a.

Todos de mãos dadas vamos repetir a oração:

> *Obrigado, querido Deus porque nos deu o gosto e a alegria de brincar! Que todas as crianças possam ter direito de brincar e ser feliz. Amém!*

Vamos brincar juntos.

 No livro do catequizando

- Pedir para as atividades serem feitas em casa e no próximo encontro verificar o que foi respondido.

 Na nossa família

- Perguntar aos seus pais e avós quais eram as brincadeiras de crianças na época deles.

8. Amar é o que há de mais lindo!

*Quem não ama não conhece a Deus,
porque Deus é amor. (1Jo 4,8)*

Objetivos do encontro

- Entender a importância do amor na vida das pessoas.
- Reconhecer que Deus nos ama muito, mesmo que a gente nem perceba ou corresponda.

Ao final do encontro é preciso ter compreendido o que é amar e como amar mais a cada dia.

Material necessário

- Utilizando papéis da cor branca (que podem ser de rascunho) desenhar vários pés, deixando espaço para as crianças escreverem dentro.
- Papel kraft grande para um painel. No final do encontro colar os desenhos dos pés, com o que as crianças tiverem escrito dentro.
- A história da Carolina e sua avó se encontra ilustrada no livro do catequizando. Utilizar a ilustração para narrará-la.
- Providenciar a música "Amar como Jesus amou" (Pe. Zezinho.) É possível encontrar na internet.

Preparação do ambiente

- Colocar na mesa a Bíblia, uma vela e uma flor.
- Colocar desenhos dos pés, ao redor da Bíblia.

PASSOS DO ENCONTRO

 Olhar a nossa vida

Quem aqui já disse para alguém: "Eu te amo"? (Ouvir.) E quem já disse para você? (Ouvir.)

Para começar nosso encontro lembrei da Carolina, que é uma menina muito esperta que mora com sua avó.

> A mãe e o pai dela tiveram que ir trabalhar numa outra cidade e a deixaram com a avó, mas vêm todo final de semana ficar com ela. No começo foi difícil e ela tinha até raiva da avó Tereza, fazia birra, esperneava, não queria tomar banho. Mas ela foi vendo sua avó cuidar dela com tanto carinho que achou uma grosseria ficar com raiva dela. Sua avó não era de abraçar e beijar como sua mãe fazia, mas ela contava histórias antes de Carolina dormir, fazia um sanduíche maravilhoso, ajudava nas tarefas da escola e a levava para passear. Avó Tereza também cuidou dela dia e noite quando teve dor de garganta. E um dia Carolina resolveu dizer para avó que a amava. E foi numa noite quando a avó terminou a história. Ela a olhou bem dentro dos olhos azuis da avó, parecidos com o dela e disse: Vovó eu te amo! Depois deu um enorme abraço na avó que ficou com os olhos cheios d'água e a abraçou bem forte dizendo baixinho: minha neta querida vovó também te ama. Carolina aprendeu que as pessoas que nos amam podem nem dizer, mas fazem gestos que mostram que nos amam.

Quem ama sente vontade de estar perto do outro, quer o seu bem. Faz tudo para cuidar da pessoa querida. Quem ama não é invejoso, não faz nada para deixar o outro triste. Quem ama cuida e quer ver o outro feliz, quer sempre o bem do outro. Por isso, o amor é alegria e nos faz ser melhores a cada dia. Por isso, ficamos tristes quando não estamos perto de quem amamos. Amar faz o coração da gente feliz. Quanto mais amamos, mais gente cabe dentro dele.

Em nosso mundo há muita falta de amor: as guerras, a violência, as crianças abandonadas, muitas pessoas sem casa, muitas crianças sem ter o que comer e como brincar. Também é falta de amor destruir nosso planeta, ser insensível com os sentimentos dos outros.

Iluminar a nossa vida

Deus é amor. Ele nos ama e cuida de nós, mesmo que a gente nem perceba. Deus nos quer felizes, por isso, não gosta de nos ver tristes. Foi isso que Jesus veio nos revelar. Com sua vida, seus gestos, Jesus mostrou que Deus nos ama muito. O Papa Francisco disse: "Cada homem é uma história de amor que Deus escreve nesta terra. Cada um de nós é uma história de amor de Deus. Deus chama cada um de nós pelo nome: conhece-nos pelo nome, olha para nós, está à nossa espera, perdoa-nos, tem paciência com cada um de nós" (Audiência Geral 17.05.2017).

Deus nos ama também através das pessoas que nos amam e sabe esperar o tempo que for para que a gente perceba que é muito amado por Ele. Mesmo que ninguém nos ame, o amor de Deus estará lá, pois seu amor é diferente, é incondicional, acima de todas as coisas, maior que os outros amores. O amor de Deus está em cada um de nós e, claro, precisamos cuidar desse amor também. "Quem não ama não conhece a Deus, porque Deus é amor" (1Jo 4,8).

Deus nos criou para amar. Amar é a coisa mais linda da vida. Deus deseja que nos amemos uns aos outros. Se todos se amassem o mundo não seria do jeito que é, porque quem ama não faz nenhum mal ao outro.

Na catequese somos chamados a dar um passo à frente no caminho do amor. Por isso estamos aqui: para aprender a amar como Jesus amou e assim mostrar a Deus que também o amamos.

Nosso compromisso

Vamos receber pés desenhados no papel e escrever dentro deles, que passos quero dar para amar mais. Por exemplo, pode ser querer ser mais carinhoso com sua mãe ou pai; dividir seu brinquedo com seus irmãos e amigos; dar um telefonema para sua avó e dizer que a ama muito; perdoar quem te magoou. (Dar tempo para os grupos fazerem a atividade.)

Celebrar o nosso encontro

Ao redor da Bíblia, em círculo, cada um vai dizer em voz alta o "seu passo" à frente no caminho do amor. Depois, vamos colocar os desenhos dos "pés" ao redor da Bíblia.

Ler o texto de 1Jo 4,8 e pedir para o grupo dar um passo à frente na direção do centro do círculo expressando o desejo de crescer no amor. Em seguida rezar juntos a oração, que também se encontra no livro do catequizando:

Rezo hoje, querido Deus, o teu amor.
O teu amor me aceita como sou e também o que me tornei.
O teu amor espera que eu seja melhor a cada dia, mas nunca me cobra nada.
O teu amor espera o meu amor.
O teu amor me ensina a ter confiança e a dar amor.
Ajuda-me a amar mais e mais, como Jesus, teu Filho, amou. Amém!

Música: Amar como Jesus amou (Pe. Zezinho.)

 ### No livro do catequizando

↳ Vamos escrever o que é amar e os passos que podemos dar para amar mais.

 ### Na nossa família

↳ Crie uma oportunidade para dizer a sua mãe que você a ama. Dê um abraço. Faça o mesmo com seu pai. Quem sabe você também consegue dizer para seus avós e quem mais você quiser.

↳ Perguntar em casa quais foram as grandes alegrias de sua família e uma grande dificuldade. Também como conseguiram superar a dificuldade.

9 — Quem vive comigo? A família

Vivei em boa harmonia uns com os outros. (Rm 12,16a)

Objetivo do encontro

💡 Perceber que cada família é diferente, cada uma tem seu jeito de ser, mas a família é muito importante para a nossa vida.

O catequizando no final do encontro precisará ter percebido que cada família é única e diferente. Nela aprendemos a conviver.

Material necessário

- Folha de papel sulfite ou A4 para cada catequizando (pode ser também outro tipo de papel colorido)
- Lápis de cor, giz de cera e/ou canetinhas hidrocor ou pincéis.
- Providenciar papel pardo ou kraft grande para colar todos os desenhos das famílias dos catequizandos, como num grande painel.
- Fita crepe para pregar os desenhos das famílias dos catequizandos no painel.
- Providenciar o vídeo com a música "Eu" (*Palavra Cantada*) e também a música "A família" (*Maria Sardenberg*) – CD A Sementinha 3, Paulinas Comep, ou outra música sobre a família.

Preparação do ambiente

- Colocar na mesa ou no chão no meio do grupo sobre uma toalha, a Bíblia, uma vela e uma flor.
- Colocar imagens da família de Nazaré (José, Maria e o menino Jesus) ao redor da Bíblia.

PASSOS DO ENCONTRO

 Olhar a nossa vida

Vamos iniciar nosso encontro desenhando a casa que moramos e a nossa família. Ao desenhar nossa casa vamos mostrar como ela é por dentro e quantas pessoas moram nela. (distribuir o papel e material para desenho e pintura. Dar tempo para a realização da atividade.)

Agora queremos conhecer sua casa e sua família, as pessoas que moram com você. Por isso, será importante dizer o nome de cada uma delas.

Dar tempo para que cada catequizando mostre sua casa e as pessoas que nela moram.

Colar o desenho no papel kraf, com fita crepe, para montar o painel.

Após todas as apresentações e diante do painel com todos os desenhos, comentar: Podemos ver como são diferentes as nossas famílias, cada uma tem um jeito de ser e de viver. Diferente também é a quantidade de pessoas em cada casa. Cada família também tem uma história única.

Todos nós precisamos de ajuda para crescer. Sem a ajuda da nossa família seria muito difícil ou quase impossível uma criança viver e crescer bem! Ter família e sobrenome é direito de toda criança.

Claro que em todas as famílias há zangas e repreensões, briguinhas, carinhos e desculpas e a vida vai em frente. Mas, existem famílias que não conseguem viver unidas e felizes e há muitas brigas, palavras duras, muita tristeza e mau humor.

Apesar das diferenças e das dificuldades que a nossa família tem, é nela que aprendemos a conviver (viver junto) e a respeitar a cada um. Todos nós podemos ajudar, mesmo se alguém perde a paciência e se irrita em casa. Em vez de ficar zangado e malcriado, posso ser bondoso e compreensivo e diminuir as mágoas e tristezas.

Todas as famílias passam por momentos difíceis, como doença, acidentes, mortes. Acontece também a falta de emprego, imigração, enchentes e perda de tudo. A família de vocês já viveu algum momento difícil como estes? Como superaram a dificuldade? (Ouvir as respostas que os catequizandos trouxeram de casa.)

➤ Iluminar a nossa vida

Jesus também tinha uma família. Morava em Nazaré com os pais. Era uma família muito pobre e pobre também era a sua aldeia de Nazaré. Mas, sua família era muito unida no amor, na colaboração e na fé em Deus. Na escola da sinagoga ele aprendeu a ler, escrever e também aprendeu as Escrituras (primeira parte da Bíblia). Ele e seus pais, José e Maria, iam à sinagoga todos os sábados, para rezar. Além dos pais o ambiente familiar de Jesus incluía os primos, tios e outros parentes. Jesus aprendeu com seu pai a profissão de carpinteiro.

Podemos dizer que a família de Jesus era igual as nossas famílias. Também tinham dificuldades, mas tentavam no dia-a-dia, viver unidos. Nossa missão em família é viver em harmonia uns com os outros, querer o bem do outro (cf. Rm 12,16-18.)

A alegria se fortalece, muitas vezes, quando vamos superando as dificuldades que enfrentamos. Também em família é assim. Juntos é mais fácil superar as dificuldades. E, há sim alegrias que vamos vivendo todo dia e, muitas vezes, nem percebemos:

- ↪ A alegria de ser amado pelos pais ou quem cuida de nós.
- ↪ A alegria de contar com alguém que com carinho cuida da nossa alimentação e da nossa roupa;
- ↪ A alegria de conviver com um irmão ou irmã;
- ↪ A alegria deliciosa de conviver com a avó e avô;
- ↪ A alegria de ter primos e tios.

E o que mais? Quais as grandes alegrias da sua família? (Ouvir as respostas dos catequizandos que fizeram esta pergunta em casa, proposta no encontro anterior e comentar.)

➤ Nosso compromisso

A família de Jesus era amiga de Deus e fiel ao que Deus quer das pessoas: amor, união, perdão, coragem, esperança. Sua família tem Deus como um aliado, uma força que ajuda a viver no amor, tanto na alegria como na dificuldade? (Ouvir.)

Vocês, como filhos, ajudam ou dificultam a vida da família? Quando isto acontece? Como você demonstra que valoriza seus pais e quem cuida de você? E quando os magoam e os deixam tristes? Dialogar... Qual será sua atitude depois desse nosso encontro? (Ouvir.)

 Celebrar o nosso encontro

Cada um de nós é de uma família diferente, aqui na catequese também formamos uma família de amigos. Vamos rezar por nossas famílias, para que saibam enfrentar as dificuldades e respeitar as diferenças para viver em paz. Ao redor da Palavra de Deus e da imagem da família de Jesus, peçamos a Deus pelas pessoas da nossa família. Diga baixinho o nome de cada uma (dar tempo para isso.)

Vamos pedir a Mãe de Jesus, mulher corajosa da família de Nazaré, que ela inspire as nossas famílias a viverem como Deus quer. Rezemos juntos: Ave, Maria, cheia de graça...

Música: A família (*Maria Sardenberg*) – CD A Sementinha 3 ou "Eu" (*Palavra Cantada.*)

 No livro do catequizando

⌐ Cada um retira o desenho de sua família do painel (com cuidado) para colar no local indicado no livro do catequizando.

 Na nossa família

⌐ Trazer para o próximo encontro fotos da sua família.

Em família podemos crescer no amor

Quem ama a Deus ama também o seu irmão. (1Jo 4,21b)

Objetivos do encontro

- Compreender que em família, podemos crescer no amor e no cuidado uns com os outros.
- Perceber que em família precisamos aprender a viver juntos, também com nossos amigos, respeitando o jeito de ser de cada um.

Ao final do encontro o catequizando precisa perceber que em família aprendemos a viver juntos com amor.

Material necessário

- Providenciar o filme "Os Croods" para assistir com os catequizandos (se possível). Um dia de encontro poderá ser somente para assistir o filme. No encontro seguinte realiza-se o que propomos aqui.
- Folhas de papel kraft.

Caixa de giz colorido para quadro e cola branca. Providenciar copinhos com metade de água misturada com cola branca (não precisa ser para cada catequizando, mas o suficiente para o grupo poder pintar). Para fazer o desenho basta molhar o giz colorido na água com cola branca e ir pintando.

Preparação do ambiente

- Organizar o local do encontro com as cadeiras em círculo, colocando no centro do círculo a Bíblia e uma vela.
- Ao redor da Bíblia colocar os desenhos que os grupinhos irão fazer, no momento pedido.

PASSOS DO ENCONTRO

 Olhar a nossa vida

Se o grupo de catequizandos assistiu o filme "Os Croods":

> No filme que assistimos conhecemos a família dos "Croods". Uma família diferente, que teve de sair do lugar onde morava para sobreviver. Eles enfrentaram vários desafios/perigos. Quem lembra? (Ouvir.) Ao enfrentar as dificuldades eles foram se conhecendo melhor, aceitando as mudanças e as diferenças que a situação provocava. Eles se uniram em busca de um novo lugar para viver. Só puderam sobreviver diante das mudanças da natureza ao seu redor porque se uniram. Sozinhos não teriam sobrevivido. Foram crescendo no amor. E no filme vimos que isso não é fácil, mas o amor entre eles era forte e os ajudou muito.

Quero contar a história de Nina, uma menina muito esperta que morava com sua família em Belo Horizonte, a cidade capital do Estado de Minas Gerais. Quem sabe onde fica Minas Gerais no mapa do Brasil? (Ouvir.)

> Nina gostava muito de observar as pessoas e a natureza. Queria aprender com os adultos, embora nem sempre gostava de que sua mãe a ensinasse. Por que a gente tem família? Ficava se perguntando quando estava zangada e não queria fazer o que sua mãe, pai ou avós pediam. Um dia, ao voltar da escola ficou olhando os vizinhos que cuidavam dos pais já velhinhos, eram os avós dos seus amiguinhos. E lá ia Nina perguntar: por que ficamos velhos mãe? Noutro dia foi ao supermercado e viu uma menina ajudar sua mãe com as compras. Nina correu para ajudar a sua mãe, feliz da vida. Mas, o que mais a intrigou foi ver como sua mãe e seu pai ficaram preocupados quando ela ficou doente. Então descobriu um segredo: sem família a gente fica desamparado. É a família que cuida e preocupa-se conosco.

 Iluminar a nossa vida

A história da Nina nos faz pensar que família é o lugar no qual nos sentimos bem e somos acolhidos e amados. Então, no meio dos nossos amigos, também podemos viver em família, como irmãos.

Na família aprendemos a amar e isso nem sempre é fácil. Cada um pensa de um jeito e, às vezes, é difícil aceitar o que o outro pensa e diz. Podemos dizer que somos analfabetos em relação ao amor. Por isso, na família precisamos combater esse analfabetismo, ou seja, aprender todo dia a amar um pouco mais, a dar espaço para o outro em nosso coração e na nossa vida. Crescer no amor e no cuidado uns com os outros, em família, é uma tarefa para toda a vida.

Anteriormente, num encontro, falamos sobre o que significa amar. Então, o que podemos fazer para crescer no amor em família? (Ouvir.) Que gestos concretos de cuidados podemos fazer com quem amamos? (Ouvir.) É sinal de amor aprender a ouvir o que cada um pensa, respeitar as opiniões diferentes, fazer gestos de carinho nas pessoas mais velhas de nossa família. E o quê mais? (Ouvir.)

"Quem ama a Deus ame também o seu irmão" (1Jo 4,21b) nos diz a Bíblia. O sonho de Deus é a harmonia e a paz, nas suas famílias e no mundo, para isso é preciso haver perdão, reconciliação, fidelidade. Deus chama as famílias a participarem desse sonho e a fazer do mundo uma casa onde ninguém está sozinho, ninguém seja excluído, porque Deus não quer que ninguém fique só ou não seja querido.

Nosso compromisso

Vamos nos reunir em pequenos grupinhos (4 em 4) e fazer um desenho que mostre o que podemos fazer para amar e cuidar da nossa família e amigos.

(Distribuir folhas de papel kraft para cada grupinho e o giz colorido para pintura.)

Celebrar o nosso encontro

Ao redor da Palavra de Deus vamos colocar nossos desenhos e cada grupo diz em voz alta o que quer e pode fazer para amar e cuidar da família, ou seja, vai comentar o desenho que fez. (Dar tempo para cada grupo mostrar o desenho e dizer o que significa.)

Rezemos de mãos dadas. Podemos pedir, em silêncio, a ajuda de Deus para vivermos com mais amor em família (fazer um tempo de silêncio.) Rezar a oração que está no livro do catequizando:

Ó Deus, Pai querido, ajuda-nos a fazer de nossa família lugar onde o coração descansa, onde o afeto é certo, onde somos nós mesmos, onde o medo não entra.

Queremos ser família onde há aconchego, onde a maldade não tem vez, onde o sorriso é bom e a paz floresce.

Ajuda-nos, Senhor, a fazer também do nosso coração uma casa onde todos podem ser acolhidos. Amém!

No livro do catequizando

- Orientar as atividades. Verifique que há um pedido para escrever uma carta de amor à família, dizendo o quanto são importantes para cada criança. Essa carta poderá ser lida na celebração no próximo encontro.

Na nossa família

- Contar as descobertas que fizemos no encontro de hoje.

- Perguntar a seus pais e avós como você pode amar mais a família.

- Convidar os pais para a celebração no próximo encontro.

Celebração
Em Família amar e cuidar

Meu filho, escuta a instrução de teu pai e não rejeites o ensinamento de tua mãe. (Pr 1,8)

Objetivos da celebração

- Entender a importância da família em nossas vidas.
- Identificar o amor em família como experiência que pode deixar o mundo do jeito que Deus deseja.
- Fortalecer a experiência de vida de fé e convivência familiar.

Material necessário

- Utilizar o livro do catequizando que contém a celebração completa para os pais também acompanharem.
- Procurar na internet a música "Dentro de mim" e "Ilumina, ilumina" (Pe. Zezinho). Providenciar a letra para todos ou escrever num cartaz a letra e deixar exposto para o momento em que irão cantá-la.
- Providenciar com a comunidade (se possível) um café, chá ou suco para o final da celebração.
- Pedir para uma mãe fazer a leitura bíblica escolhida.
- A família do catequista pode também estar presente.
- Providenciar toalha de mesa, vela, Bíblia, flores e os cartazes do último encontro.

Preparação do ambiente

- Organizar o local da celebração com as cadeiras em círculo.
- Arrumar uma mesa com uma toalha bonita para colocar em destaque a Palavra de Deus, a vela, flores e os cartazes com os desenhos que os catequizandos fizeram no último encontro.

PASSOS DA CELEBRAÇÃO

 **Acolhida**

Catequista: Acolhemos com muito carinho a todos vocês. Sejam todos bem-vindos. Nossos últimos encontros foram sobre a importância da família na nossa vida. Hoje nos encontramos para rezar pelas nossas famílias. Enquanto cantamos vamos colocar ao redor da Palavra de Deus tudo o que fizemos em nossos encontros.

(Entrada da Bíblia, vela, flores, cartazes produzidos no último encontro.)

Música: Dentro de Mim (Pe. Zezinho) ou "É Bom Ter Família" (Pe. Antônio Maria.)

Todos: Em nome do Pai, do Filho e do Espírito Santo. Amém!

 Proclamação da Palavra

Canto de aclamação: Tua Palavra é lâmpada para os meus pés, Senhor. Lâmpada para os meus pés, Senhor, luz no meu caminho (bis)

Texto bíblico: Pr 1,8-9

Reflexão: Nos nossos últimos encontros falamos sobre a importância da família na vida da gente. A família, que tem diferentes jeitos de ser, tem desafios e dificuldades, mas que é o lugar onde a gente pode aprender a amar ainda mais e a cuidar uns dos outros. Gostaria que olhassem os cartazes que fizemos com dos desenhos, com os gestos concretos para amar e cuidar da família. Cada grupo que fez os cartazes pode dizer que desenho fez (dar tempo para as crianças dizerem o que fizeram.)

Não vivemos sozinhos, precisamos uns dos outros e é na família que aprendemos a amar e conviver. Diz a Palavra de Deus que ouvir e escutar os ensinamentos dos pais é muito precioso para a vida da gente. Aprendemos com nossos pais o que é melhor para crescer e viver. Então, nos amando uns aos outros, em família, vamos deixando o mundo do jeito que Deus deseja. Que em nossas famílias as crianças tenham sempre muito amor.

(Convidar algumas crianças para ler e partilhar a carta de amor que escreveu, no 10° encontro, para a sua família e que está no livro do catequizando.)

 **Preces de louvor**

Catequista: Vamos agradecer a Deus pelas nossas famílias.

Todos: Nós te agradecemos, Senhor, pelas nossas famílias!

Um menino: Nós te agradecemos Senhor, pelas nossas mães, avós, tias e primas que sempre cuidam e zelam pelas nossas famílias.

Uma menina: Nós te agradecemos Senhor, pelos nossos pais, avós, tios e primos que nutrem nossas famílias com seu trabalho e ternura.

Um pai e uma mãe: Nós te agradecemos Senhor, pelos nossos filhos, dom de amor e alegria em nossas vidas.

 Preces espontâneas...

Catequista: Em silêncio, vamos dizer a Deus o nome das pessoas de nossa família pedindo que ele acompanhe cada uma com seu carinho de Pai amoroso.

Catequista: Rezemos juntos o Pai-nosso... (de mãos dadas.)

Música: Ilumina, Ilumina (Pe. Zezinho.)

Bênção da Família

Catequista: Todas as crianças podem vir para o meio do círculo, ao redor da Palavra de Deus. Os pais farão um círculo ao redor das crianças. E levantando a mão direita dizem juntos (pedir para repetirem): "Abençoa, ó Deus, nossos filhos. Acompanha com amor e carinho a nossa família e a vida de cada um dos nossos filhos. Amém".

Catequista: Vamos dar um abraço carinhoso nas pessoas de nossa família e depois vamos dar um abraço da paz em todos os presentes.

▶ No final da celebração

- Agradecer a presença dos pais na celebração.

12. A grande família de Deus: a Igreja

*Somos em Cristo um só corpo e, cada um de nós,
membros uns dos outros. (Rm 12,5)*

Objetivos do encontro

- Reconhecer que todo batizado faz parte da grande família de Deus: a Igreja.
- Conhecer o sentido do Batismo.

Ao final do encontro perceber que o Batismo nos introduz na Igreja, a grande família de Deus.

Material necessário

- presentar vídeos ou fotos de cenas de uma celebração do Batismo (se possível.)
- Procurar a música "Dentro de Mim", do Pe. Zezinho (CD: *lá na terra do contrário e Deus é bonito*, faixa 14.) Fazer cópias da letra ou escrevê-la em um papel kraft para todos cantarem.
- Uma faixa com a frase: A grande família de Deus.

Preparação do ambiente

- Colocar as cadeiras em círculos e a Palavra de Deus num lugar central ou de destaque, com flores e vela acesa.
- Ao redor da Palavra colocar uma foto ou gravura de um batizado e a faixa "A grande família de Deus".

PASSOS DO ENCONTRO

▶ **Olhar a nossa vida**

Nós queremos dar passos à frente na direção de Deus e das pessoas. Quando vocês nasceram seus pais deram um primeiro passo para mostrar que queriam seus filhos como cristãos, pertencendo à Igreja de Jesus. Todos nós nascemos filhos de Deus, que nos desejou e ama. E com uma celebração muito bonita celebramos nossa vida que veio de Deus. Como se chama esta celebração? (Ouvir.) É o Batismo! Pelo Batismo nos tornamos membros da grande família de Deus, a família dos amigos e seguidores de Jesus Cristo, a família dos cristãos.

Alguém já participou de algum batizado? Como é? Contem-me o que se lembram (se possível exibir vídeo ou fotos de um batizado).

No Batismo há gestos e ritos muito significativos:

- ↳ Sinal da cruz, que o padre faz na criança, sinal de Cristo.
- ↳ Óleo passado no peito da criança, força para vencer o mal.
- ↳ Derrama água na cabeça da criança, dizendo: Fulano, eu te batizo em nome do Pai e do Filho e do Espírito Santo. Esta água é sinal da vida que você recebeu de Deus.
- ↳ Vela acesa, que os padrinhos seguram, sinal de Jesus ressuscitado, a quem a criança vai seguir pela vida afora.
- ↳ Veste branca, que representa a amizade com Deus, a graça e o amor de Deus.
- ↳ Oração, explicando que a criança renasceu pelo Batismo, chamada a viver sabendo que é filha (o) de Deus.

➡️ Iluminar a nossa vida

Antes mesmo que soubéssemos, no nosso Batismo Deus nos disse: Você me faz feliz. Filho, você se assemelha a mim, eu te amo. Você me dá alegria. Não podemos nos esquecer disso. Então, mesmo nos dias tristes, precisamos começar o dia, antes de tudo, ouvindo Deus, nosso Pai, que continua a nos dizer: *Filho, amor meu, minha alegria* (olhar nos olhos de uma criança e repetir a frase.) E esse amor de Deus vai inundar o nosso dia. É isso que significa o Batismo: viver sabendo que somos filhos queridos de Deus.

Pelo Batismo passamos a fazer parte da grande família dos seguidores de Jesus Cristo: a Igreja. O Batismo nos insere na Igreja e ela nos ajuda a crescer no calor do amor de Deus, na luz da sua Palavra.

Todos nós somos Igreja, somos povo de Deus,comunidade de batizados, que experimenta a beleza de partilhar a experiência do amor de Deus, que Jesus nos revelou.Formamos a comunidade cristã, onde os membros cuidam uns dos outros."Somos em Cristo um só corpo e, cada um de nós, membros uns dos outros" (Rm 12,5). Não pode existir cristão isolado. A comunidade de batizados procura viver a paciência, a mansidão, a alegria, a solidariedade e procura ser no mundo, aquela que revela o amor de Deus. Por isso, a Igreja cuida sempre dos que têm a vida agredida, dos mais pobres, dos que choram, dos que sofrem, como fez Jesus.

 Nosso compromisso

Nós fomos batizados pequeninos e nossos pais assumiram o compromisso de nos ajudar a crescer experimentando ser amigo de Jesus Cristo. À medida que vocês vão crescendo, vão descobrindo mais coisas sobre Jesus e como viver em comunidade. Se fossem batizados hoje, vocês aceitariam? Por quê? (Ouvir e ajudar a perceber que se a resposta foi sim é porque estão crescendo na intimidade com Jesus.)

Ao longo dessa semana cada um vai pensar e escrever no livro do catequizando se sente que é filho(a) querido(a) e amado de Deus e de que forma sente esse amor de Deus na sua vida. No próximo encontro faremos partilha do que cada um escreveu. Combinado?

 Celebrar o nosso encontro

Hoje relembramos nosso Batismo e por que estamos ligados à Igreja, nossa comunidade: nós formamos a grande família de Deus, o povo de Deus, o povo cristão, a Igreja de Jesus Cristo.

Vamos ficar em pé, ao redor da Palavra de Deus (ler o texto bíblico: Rm 12,5.) Como gesto de que queremos continuar sendo amigos de Jesus, participando da nossa comunidade, assumindo nosso Batismo, vamos fazer o sinal da cruz na testa uns dos outros, enquanto cantamos.

Música: Dentro de Mim, do Pe. Zezinho (CD: *lá na terra do contrário e Deus é bonito*, faixa 14.)

 No livro do catequizando

- Escrever as atitudes de um amigo de Deus.

 Na nossa família

- Ver as fotos do nosso batizado.
- Você conhece seus padrinhos de Batismo? Pergunte por que eles foram convidados para serem seus padrinhos e faça-lhes uma visita ou telefone.

13 · Igreja, casa de Deus e dos cristãos!

Fiquem unidos a mim e eu ficarei unido a vocês. (Cf. Jo 15,4)

Objetivos do encontro

- Conhecer a igreja (templo) da comunidade onde participa.
- Perceber que a igreja da comunidade é o lugar onde os cristãos se reúnem.

Ao final do encontro o catequizando compreenderá que na igreja os cristãos se reúnem como irmãos, filhos de Deus. Juntos rezam, cantam, leem e ouvem a Palavra de Deus, como membros de uma mesma comunidade ou paróquia.

Material necessário

- Agendar com a pessoa responsável (secretária, padre, pessoa da limpeza...) uma visita dos catequizandos à igreja da comunidade.
- Pedir para alguém da comunidade, junto com a catequista mostrar tudo o que tem dentro da Igreja, inclusive na sacristia, se possível.

Preparação do ambiente

- Preparar a visita à igreja da comunidade ou a matriz da paróquia. Ver com o grupo de catequistas e a comunidade como deslocar as crianças para a igreja que será visitada.
- No encontro depois da visita: colocar as cadeiras em círculos e a Palavra de Deus num lugar central ou de destaque, com flores e vela acesa.

PASSOS DO ENCONTRO

 Olhar a nossa vida

1ª parte do encontro: excursão à igreja da comunidade, a matriz da paróquia.

Fazer uma excursão à igreja da comunidade. Explicar que por mais que todos a conheçam, nesta visita, deverão imaginar-se turistas e observar os detalhes como: imagens, cores, vitrais, quadros...

61

Orientar para o respeito ao ambiente, falando mais baixo, sempre juntos para ouvir e perguntar. Solicitar para que na visita observem:

a) A igreja por fora: portas, escadarias, torres, sinos, relógio.

b) O tamanho da igreja, o ambiente, o silêncio, as pinturas (se tiver.) Estilo dos bancos.

c) Pia batismal (se não houver o padre usa uma bacia e um jarro d'água). Lembrar do encontro anterior quando se falou do Batismo.

d) Altar e objetos utilizados em sua arrumação: toalhas, cálice, velas, lecionário, flores...

e) O altar é uma mesa especial. Sobre ela se coloca toalhas, cálice, livro com orações.

f) Sacrário: observar se a luz está acesa ou apagada. Se estiver acesa é para lembrar que Jesus está sempre presente de modo especial nas hóstias consagradas na missa, que ficam guardadas no sacrário (uma caixa de metal ou madeira.) Outra coisa: se a luz está acesa os cristãos costumam fazer uma saudação a Jesus, fazendo um gesto de dobrar o joelho direito no chão. Este gesto chama-se genuflexão. É um sinal de respeito e carinho com Jesus. Ao dobrar o joelho também podemos dizer: Jesus, eu te amo, eu te adoro! Ou ainda: Estou aqui Jesus!

g) Mas, todo o espaço da Igreja é lugar para encontrar e conversar com Jesus.

h) Imagens: As Igreja costumam ter imagens, que são como fotografias de pessoas queridas que muito amaram Jesus (Mostrar a imagem do padroeiro, por exemplo.) Sacristia: É o lugar de guardar as coisas de uso da igreja.

Outras observações: Mostrar aos catequizandos, caso seja possível, cálice, sinos (campainhas), túnicas do padre, entre ouros objetos usados na liturgia. Caso não seja possível, sugere-se preparar gravuras destes objetos para mostrar e explicar seu significado e uso aos catequizandos.

Será preciso à medida que a "excursão" for se realizando fazer os devidos comentários e explicações, principalmente mobilizar os catequizandos a realizarem perguntas sobre o que estão observando para que você possa explicar e orientar adequadamente. Por exemplo: quem costuma vir com seus pais a esta igreja? Quem mora perto? Na nossa paróquia tem mais de uma comunidade? Sabem o nome delas? No bairro há outros templos de outras tradições religiosas diferentes da nossa, alguém conhece algum?

Lembrar que durante a semana, Deus se encontra conosco na família, nos amigos, nos que mais precisam de nós e no domingo, se encontra com o seu povo reunido para ouvir sua Palavra. Reunimo-nos como família de Deus.

Antes de sair, pedir que os catequizandos fiquem ao redor do altar, como comunidade dos amigos de Jesus, filhos do mesmo Pai que é Deus. Cada um pode partilhar se sente que é filho(a) querido(a) e amado de Deus e de que forma sente esse amor de Deus na sua vida (Pedir para partilharem o que escreveram no livro do catequizando, no encontro anterior.)

Cantar um refrão após a partilha de cinco catequizandos. Sugestão de refrão: "Onde reina o amor, fraterno amor, onde reina o amor, Deus aí está".

 Rezar juntos

Pedir para repetirem:

Querido Deus, somos teus filhos queridos que também te amam. Abençoe as pessoas que vêm nesta igreja para rezar e as que não podem ou não gostam de vir. Também queremos pedir pelos idosos e doentes desta comunidade. Alguns deles ajudaram a construir esta igreja.

Rezemos o Pai-nosso (de mãos dadas), a oração em que chamamos Deus de Pai.

 Iluminar a nossa vida

2ª parte do encontro

No encontro passado visitamos a igreja de nossa comunidade. A igreja tem um nome que a comunidade escolhe, geralmente se dedica a igreja a um santo que é ainda hoje um exemplo de cristão para o povo daquele lugar. Também podem dedicar a igreja à mãe de Jesus, porque a amam muito.

Vocês lembram o nome da igreja que visitamos? (Pode explicar porque ela tem esse nome.)

Tudo o que tem na igreja faz parte da história da comunidade que participamos e que a construiu. Lembram do altar? Lembram da pia batismal? Do que mais lembram? (Ouvir.) O que você aprendeu com essa visita? (Ouvir.) O que achou mais interessante? (Ouvir.) O que achou mais bonito? (Ouvir.)

O espaço físico da igreja é o lugar de encontro entre as pessoas que professam (acreditam) a mesma fé. É uma casa de encontros mais íntimos, mais próximos, onde além de ouvir e acolher a Palavra de Deus, participa do banquete por Ele preparado, a Eucaristia. Os objetos usados nas celebrações têm o sentido de fazer "memória" do amor de Deus, dos ensinamentos de Jesus aos cristãos.

O espaço da igreja (templo) de uma comunidade é o lugar também onde nos reunimos para celebrar e rezar em momentos importantes da vida, por exemplo, o Batismo, o matrimônio, o aniversário de alguém e outros.

As igrejas mudam de formato, de região para região, mas o que une os cristãos é o amor que Jesus colocou em nossos corações, é a fidelidade de Deus para conosco. Uma comunidade cristã faz o que Jesus pede: "Fiquem unidos a mim e eu ficarei unido a vocês." (Cf. Jo 15,4). E se reúne na igreja (templo) como família de Deus, irmãos de Jesus, para ouvir a sua Palavra, rezar e celebrar.

Nosso compromisso

Aos domingos Deus nos espera na igreja porque quer ver os seus filhos reunidos. Por isso é importante participarmos das celebrações, pois somos parte do povo de Deus.

Que tal você escolher com seus pais um bom horário de celebração para participação desse encontro dos filhos de Deus?

Celebrar o nosso encontro

Vamos ler Jo 15,4 (Ouvir.) Ao redor da Palavra de Deus, rezemos (a oração que também se encontra no livro do catequizando):

Ó Deus, pai querido, nós te agradecemos pela família de amigos e irmãos que é a nossa comunidade. Dá-nos muito amor, respeito e paciência para viver como *teus filhos e irmãos uns dos outros. Amém!*

Rezemos de mãos dadas o Pai-nosso, pedindo pela nossa comunidade.

 No livro do catequizando

↳ Orientar as atividades.

 Na nossa família

Contar aos pais sobre o que viu na igreja que visitou e o que mais gostou (no primeiro dia.)

↳ Conversar com os pais sobre irem juntos numa celebração da comunidade.

Quero ser Igreja viva!

Todos os que abraçavam a fé viviam unidos e possuíam tudo em comum. (At 2,44)

Objetivos do encontro

- Compreender que ser Igreja viva é viver o que Jesus ensinou: a união, a partilha, a fraternidade e o amor, procurando construir um mundo de irmãos.
- Perceber que na comunidade todos se reúnem para celebrar, partilhar, servir aos irmãos, sobretudo, os que mais precisam.

A comunidade precisa da participação de cada um. Jesus quer a união, a fraternidade, o amor, a comunidade unida. Quem ama Jesus vai encontrá-lo na comunidade, no meio dos irmãos.

Material necessário

- Se possível levar um bolo simples, feito em casa, para ser partilhado entre os catequizandos no final do encontro. Pode-se pedir para uma pessoa da comunidade fazer um bolo simples.
- Levar a receita do bolo para o encontro para contar quais ingredientes foram usados.
- Levar pequenas faixas de papel em branco. Uma para cada catequizando.

Preparação do ambiente

- Colocar o bolo em local visível.
- Organizar o grupo de catequizandos em círculo e no centro colocar a Palavra de Deus, flores, vela.

PASSOS DO ENCONTRO

Olhar a nossa vida

Quem já viu alguém fazer um bolo? (Ouvir.) Quem já ajudou a fazer um bolo? (Ouvir.) Quem sabe dizer quais são os ingredientes que colocamos num bolo normalmente? (Ouvir e contar como foi feito o bolo que trouxe para o encontro, quais ingredientes que usou, quanto tempo demorou para assar etc.)

Já imaginaram se a manteiga, a farinha ou o ovo se recusassem a ser misturados na massa para ser bolo? Para o bolo existir foi preciso misturar os ingredientes e ainda passar pelo fogo para ser transformado em bolo.

Vamos experimentar o bolo agora (dar tempo para o grupo comer o bolo.) Após todos experimentarem o bolo dar sequência ao encontro.

 ### Iluminar a nossa vida

A comunidade é como um bolo também. Cada um de nós é um ingrediente na comunidade. Para ser comunidade cada um de nós precisa querer ser parte dela, se misturar com os outros, ajudar uns aos outros, sair de nós mesmos e virar uma mesma massa: a comunidade. A comunidade precisa passar pelo fogo da solidariedade, do amor, para se transformar em alimento para nossa vida e para a vida do mundo.

Se cada um ficar no seu canto não vira "bolo", não vira comunidade e não terá sabor no meio do mundo, não dará frutos. Quando a gente come um bolo não sabe mais dizer o que era o ovo, a farinha, o fermento. Tudo virou bolo. Na vida cristã também é assim, é preciso querer se misturar e se doar na comunidade para que ela se transforme em casa dos amigos verdadeiros de Jesus. Quem ama Jesus e quer seguir seus passos vai se transformando em comunidade e amor.

A Comunidade verdadeira vai sempre se transformar em ajuda (alimento) para os que mais precisam. Irá cuidar dos doentes, dos que sofrem, dos refugiados, dos pobres e sofredores... Desde o início da Igreja foi assim, lembra-nos o livro dos Atos dos Apóstolos: *"Todos os que abraçavam a fé viviam unidos e possuíam tudo em comum"*. (At 2,44)

Nosso compromisso

Há na comunidade pessoas que não querem virar "bolo", ou seja que não se doam, não se envolvem com ela de verdade. Mas, há pessoas que visitam os doentes, os idosos, que cuidam de crianças (lembrar os trabalhos que a comunidade paroquial realiza.)

E nós aqui, queremos ser Igreja viva? (Ouvir.) Que ingredientes a comunidade precisa?(Ouvir.) A comunidade precisa de catequistas, de padre, de famílias que se amam, de gente para visitar os doentes, para cuidar dos mais necessitados; precisa de grupos para refletir a Palavra de Deus; precisa da celebração da Eucaristia. Também precisa do amor, do perdão, do respeito, da fraternidade... Que mais?

Ser Igreja viva é viver o que Jesus ensinou: a união, a partilha, a fraternidade e o amor, procurando construir um mundo de irmãos.

Celebrar o nosso encontro

Distribuir a faixa pequena de papel para cada catequizando, dizendo: Vamos escrever a Jesus qual ingrediente quero ser na comunidade. "Jesus eu quero ser catequista na comunidade" é isso que escrevi aqui. Descubra o que você quer ser: amor, paciência, perdão... Ou também fazer um serviço na comunidade. (Dar tempo para as crianças escreverem.)

Vamos fazer um círculo ao redor da Palavra de Deus. Cada um vai colocar sua faixa ao redor da Palavra e dizer em voz alta o que escreveu e qual ingrediente quer ser na comunidade.

Rezemos de mãos dadas o Pai- nosso pedindo a Deus que nos ajude a ser Igreja viva, comunidade de amor.

No livro do catequizando

↳ Vamos escrever os ingredientes que fazem a verdadeira comunidade cristã.

Na nossa família

↳ Perguntar em casa se conhecem pessoas que ajudam na comunidade.

15. Pai-nosso: A oração de Jesus e dos cristãos!

Meu filho, tu sempre estás comigo; tudo o que é meu é teu. (Lc 15.31)

Objetivos do encontro

- Compreender o que é a oração.
- Reconhecer que foi Jesus quem ensinou a chamar Deus de Pai.
- Entender o que significa rezar o Pai-nosso.

O catequizando no final do encontro precisa saber que foi Jesus quem nos ensinou a chamar a Deus de Pai e o que significa rezar o Pai-nosso.

Material necessário

- Pedaços de papel em branco, no formato de coração, para que as crianças escrevam os nomes das pessoas que amam.
- Trazer papéis prontos (coloridos, se possível) cortados em pequenas tiras, já com o nome de todos os catequizandos.
- Providenciar uma imagem de Jesus, que pode ser um quadro ou uma gravura.

Preparação do ambiente

- Colocar a Bíblia em lugar de destaque, com flores e vela acesa ao redor.
- Colocar uma imagem, quadro ou gravura de Jesus.

PASSOS DO ENCONTRO

➡ Olhar a nossa vida

Quem aqui já sentiu saudade, muita saudade de alguém? (Ouvir.) A saudade existe porque existe amor. Quando quem a gente ama está longe, o coração fica inquieto. A gente quer ter a pessoa amada perto, quer conversar com ela. A gente se sente assim com nossos pais ou com quem nos ama e cuida de nós, também com nossos amigos. Se existe saudade é porque existe amor; se tem amor tem relacionamento. Quem ama quer ficar perto, quer fazer o outro feliz. Vamos escrever nos papéis em formato de coração os nomes das pessoas que amamos.

Deus nos ama muito e quer o melhor para nós, quer também que sejamos felizes. Ele nos amou desde sempre, sem que tenhamos percebido. Deus cuida de nós. Está conosco o tempo todo, seja quando estamos tristes, quando choramos, quando estamos felizes e quando amamos. Deus tem muitos jeitos de demonstrar amor, seja através das pessoas, dos acontecimentos, da beleza da natureza.

Quando a gente ama, o amor está em nós e em quem nos ama também, mas não vemos o amor andando por aí. Deus é amor. Ele está conosco, mas não o vemos. A gente sente saudade de Deus e, por isso, reza. A oração é um relacionamento com Deus. A oração nada mais é do que uma conversa entre duas pessoas que se amam: Deus e eu, eu e Deus.

 Iluminar a nossa vida

Foi Jesus quem nos ensinou a ver que Deus é Pai e que nele podemos confiar. Com muita frequência Jesus se refere a Deus como o "seu Pai" e o "nosso Pai". Ele quis que chamássemos nosso Pai, ao seu próprio Pai. Sem Jesus não saberíamos que Deus é nosso Pai bondoso.

Jesus nos ensinou a rezar: Pai-nosso. Ao rezar o Pai-nosso, brota saudade de Deus, imploramos para que o desejo de Deus se realize: que seu nome seja reconhecido e amado, que o amor contagie o mundo, que todos tenham pão, que sejamos capazes de perdoar como Ele nos perdoa... Muitas vezes rezar também é uma maneira de "pedir socorro" a Deus que nos ama, nos conhece e sempre cuida de nós.

Quando Jesus diz "Pai nosso", quer dizer que Deus é o Deus de todas as horas. Aquele em quem se pode confiar, como confiamos no nosso pai, mãe ou em quem nos ama de verdade, sem qualquer tipo de reservas. Deus é aquele a quem podemos pedir: "preciso da tua mão" e saber que Ele a estende, que Ele cuida, acompanha, protege, faz tudo para nós. Dizer como Jesus "Abbá". (Paizinho) significa que eu também quero me colocar com simplicidade diante de Deus.

Nosso compromisso

Neste nosso mundo, como já vimos em nossos encontros, tem muito sofrimento, muita coisa errada, muita injustiça e gente sem comida, sem casa, sem amor. Há guerras, violência, desemprego... E poderíamos levantar aqui um tanto de coisas.

O jeito que Deus tem de mudar o mundo é através de nós: quando amamos, fazemos o bem, ajudamos quem sofre e chora. O jeito que Deus tem de cuidar das pessoas é através de nós. E vamos colaborar com Ele. Nesta semana vamos ajudar nossos amigos, nossos pais, as pessoas que pedirem nossa ajuda. E pode ser com coisas simples. Assim estamos mudando o mundo, ajudando Deus a transformá-lo.

Vimos que a oração é um relacionamento com Deus, uma conversa entre duas pessoas que se amam: Deus e eu, eu e Deus. Vamos nos comprometer a cuidar do relacionamento com Deus, conversando com Ele todo dia? (Ouvir.) Encontre um tempo, que pode ser à noite antes de dormir ou logo ao acordar, para falar com Deus. Não se esqueça de mandar um beijo para Deus e chamá-lo de Pai querido. Ele vai ficar muito feliz.

Celebrar o nosso encontro

Em todos os nossos encontros nós rezamos juntos e já rezamos o Pai-nosso. Mas, hoje será diferente porque vamos compreender melhor o que rezamos.

Coloque ao redor da Palavra de Deus e da imagem (quadro ou gravura) de Jesus, os nomes das pessoas que você ama (dar tempo para isso.) Agora eu vou colocar o nome de cada um de vocês e o meu (falar o nome em voz alta.) Deus nos ama muito e nós queremos agradeceu por este amor chamando-o de Pai... (Rezar o Pai-nosso de mãos dadas.)

No livro do catequizando

- Orientar as atividades.

Na nossa família

- Conte para seus pais o que achou mais importante no nosso encontro hoje.
- Pergunte se eles sabem rezar o Pai-nosso. Reze com eles.

Celebração
Ser Igreja, comunidade de amor

Amai-vos uns aos outros como eu vos amei. (Jo 15,12)

Objetivos da celebração

- Celebrar o caminho percorrido, os passos dados durante os encontros sobre a Igreja.
- Aprender o que é celebrar em comunidade.

Material necessário

- Providenciar pão e suco de uva para todos.
- Imagem de Jesus (ou gravura).
- Providenciar a música A Comunidade de Jesus (Ir. Israel José Ney – CD A *comunidade de Jesus* – Paulinas-Comep). Outra música que poderá ser utilizada é "*Agora é tempo de ser Igreja*" que poderá ser encontrado na internet. Fazer cópias da letra para todos ou colocar a letra num cartaz.
- Alguma foto que mostre a vida da comunidade.
- Faixas para o início da celebração. Cada faixa entra com um catequizando na procissão: Comunidade – União – Amor – Partilha – Ser Igreja.

Preparação do ambiente

- Organizar o local com as cadeiras em círculo e no centro da sala, panos coloridos e em cima deles, a imagem de Jesus (ou gravura), fotos da comunidade em que apareçam pessoas trabalhando, se encontrando etc.
- A Bíblia, vela, flores e as faixas que entrarão na procissão de entrada podem ser colocadas no centro do círculo, de maneira que todos vejam.

PASSOS DA CELEBRAÇÃO

 Acolhida

Catequista: Nós vivemos os últimos encontros descobrindo e partilhando o que é a comunidade cristã, onde somos chamados, como batizados, a viver unidos a Jesus e aos irmãos. Hoje queremos celebrar, festejar, dar graças pela alegria de sermos chamados a viver como irmãos em comunidade.

(Entrada da Bíblia, vela, flores, faixas com palavras sobre vida comunitária)

Música: A Comunidade de Jesus (Ir. Israel José Ney – CD *A comunidade de Jesus* – Paulinas-Comep) ou outra.

Todos: Em nome do Pai, do Filho e do Espírito Santo. Amém!

 Proclamação da Palavra

Canto de aclamação: (a escolha.)

Texto bíblico: Jo 15,9-12

Reflexão: Nos últimos encontros nós conversamos sobre a Igreja, a grande família dos amigos de Deus. Pelo Batismo, passamos a fazer parte desta família: a Igreja. Nela somos chamados a viver unidos no amor. Ser Igreja viva é viver o que Jesus ensinou: a união, a partilha, a fraternidade e o amor, procurando construir um mundo de paz e de bem. Jesus quer que cada um permaneça no amor, na comunidade cristã, pois ela nos ajuda a viver o amor e a fraternidade.

(Fazer memória da visita à comunidade, lembrar que a comunidade, a Igreja, é chamada a ser sinal do amor no meio do mundo. Pedir para o grupo ler as palavras das faixas e comentar.)

 Preces

Catequista: Vamos rezar juntos, agradecendo a Deus pelos nossos encontros, pelas descobertas que vamos fazendo e nos ajudam a ser também uma comunidade de amor.

Todos: Caminha conosco, Senhor!

Um menino: Nós te agradecemos, Senhor, pela comunidade que nos acolhe e nos quer no meio dela como companheiros de Jesus.

Uma menina: Nós te agradecemos, Senhor, pelos nossos encontros de catequese, que nos ajudam a conhecer Jesus e a dar um passo à frente no caminho do amor e da fraternidade.

Um menino: Nós te pedimos, Senhor, pelas nossas famílias, pelos nossos amigos e irmãos.

Uma menina: Nós te pedimos, Senhor, guarda cada um de nós em seu coração, para que sejamos mais amigos uns dos outros e de Jesus.

Preces espontâneas...

Pai-nosso

Catequista: Ao rezar o Pai-nosso, imploramos para que o desejo de Deus se realize: que seu nome seja reconhecido e amado, que o amor contagie o mundo, que todos tenham pão, que sejamos capazes de perdoar como Ele nos perdoa...

Catequista: Rezemos juntos o Pai-nosso, a oração que Jesus nos ensinou... (de mãos dadas.)

Música: Amar como Jesus amou (Pe. Zezinho.)

Catequista: Vamos dar um abraço da paz.

Partilha: partilhar o pão, o suco de uva.

Na nossa família

↳ Conversar com os pais sobre o que sentiram ao participar da celebração.

Alegria

VIVER A VIDA
CONSTRUINDO A
CADA DIA A ALEGRIA

17 · O trabalho da criança é estudar

Aplica teu coração à disciplina e teus ouvidos às palavras da experiência. (Pr 23,12)

Objetivos do encontro

- Relacionar a importância de estar na escola e ter contato com conhecimentos importantes para vida.
- Compreender que estudar é uma maneira do cristão se preparar para ajudar a modificar o mundo.

O catequizando ao final do encontro precisa compreender a importância de estudar, como uma maneira de se preparar para ser colaborador na construção de um mundo melhor.

Material necessário

- Cadernos, lápis, caneta, livros escolares.
- Tiras de papel kraft para escrever os nomes das escolas que os catequizandos frequentam.
- Procurar no *youtube* a música "Livro te faz livre", de Jair Oliveira (CD *Grandes Pequeninos*). Providenciar cópias da letra para todos ou colocar num cartaz.

Preparação do ambiente

- Organizar as cadeiras em círculo. Colocar a Bíblia, vela, e ao redor dela cadernos, lápis, caneta, livros escolares em lugar de destaque.

PASSOS DO ENCONTRO

 Olhar a nossa vida

Todos frequentam uma escola? Quais escolas? (Escrever o nome das escolas de seus catequizandos em tiras de papel kraft). Conhecem alguma criança que não está na escola?

Nossa escola também é uma comunidade especial. Passamos muitas horas da semana dentro dela. Aprendemos mil coisas na escola. Vamos ver quanta coisa boa a escola nos traz: ganhamos muitos colegas que se tornam amigos e amigas; recreios e brincadeiras animadas; ajuda dos professores para crescer e aprender. Que mais? (Ouvir.) Muitas pessoas cuidam do funcionamento da escola. Quem são? (Ouvir.)

É muito importante valorizar nossa escola, nossos professores. Nela vamos aprender muita coisa boa para a nossa vida. Acontece de crianças não gostarem da escola? Por que será? E as que não conseguem aprender? Sua escola tem boa estrutura? Precisamos de boas condições para aprender. É muito triste quando nosso município não cuida das escolas. O trabalho mais importante para a criança é estudar. Nada justifica sair da escola.

Música: Livro te faz livre (Jair Oliveira.)

 Iluminar a nossa vida

Jesus também frequentou a escola, mas é claro que era muito diferente das escolas do nosso tempo. Onde havia condições, meninos e meninas começavam a estudar com seis anos. As lições eram ao ar livre ou na sinagoga (local onde a comunidade de Jesus rezava.) Jesus, como as demais crianças, sentava-se no chão, em roda. Não havia carteiras, quadro, livros, cadernos. As crianças aprendiam em tabuinhas cobertas de cera, sobre a qual copiavam frases das Sagradas Escrituras. Não havia disciplinas como as que se têm hoje: matemática, ciências... A educação era só religiosa e a partir dos escritos da Bíblia (nos 5 primeiros livros) e dos ensinamentos transmitidos de geração em geração. Ali se aprendia o jeito de viver como amigo de Deus.

Jesus e as outras crianças aprendiam também na vida. Ora observando o carpinteiro, o tecelão, o oleiro que fazia panelas e potes. Ora assumindo pequenas tarefas em casa para ajudar os pais. Jesus certamente deu comida para o burrinho e para os carneiros, encheu os jarros de água na fonte de Nazaré.

A Bíblia nos diz: "Aplica teu coração à disciplina e teus ouvidos às palavras da experiência." (Pr 23,12). É muito importante estudar, aprender o conhecimento que chega até nós, fruto do estudo, da pesquisa e da experiência de muitas pessoas antes de nós. Muitas vezes, depois de uma boa aula na escola, parece que crescemos muito por dentro, sobretudo diante de tantos assuntos incríveis para se conhecer e discutir. Estudar é uma maneira de se preparar para modificar o mundo. O futuro da humanidade depende de boa formação, de boa educação.

Frequentar a escola é um direito de todos e pode ser um "remédio" poderoso para melhorar o mundo. Na escola podemos aprender a dialogar e respeitar as diferenças. Além disso, a escola pode nos orientar na busca da verdade, que o conhecimento nos ajuda a encontrar. A escola nos ajuda a desenvolver habilidades e nos prepara para realizar a missão de Filhos de Deus como colaboradores na construção do Reino.

Vamos então aproveitar bem o tempo na escola. É importante que cada um ouça com atenção os ensinamentos dos professores e se dedique aos estudos realizando as tarefas, praticando leituras que o ajudem a aprender a cuidar de si e do seu próximo.

 Nosso compromisso

Como você está na escola? Está se saindo bem? Converse com sua mãe sobre como você está indo, se está tudo bem, se tem dificuldades. Vamos nesta semana pensar em como ajudar um colega que está precisando de apoio nos estudos. E, se a escola do nosso bairro está sofrendo algum tipo de depreciação, podemos pensar o que fazer para juntos, escola e comunidade, resolvermos o problema. Nossos pais podem nos ajudar nisso.

Celebrar o nosso encontro

Jesus aprendeu a ler e escrever copiando ensinamentos da Bíblia, na sinagoga. Nossa catequese é como uma pequena escola da sinagoga. Aqui aprendemos sobre o amor de Deus e sobre nossa comunidade. Na escola aprendemos também conhecimentos importantes para a vida.

Ao redor da Bíblia vamos colocar os materiais escolares (pedir a alguns catequizandos para fazer isso.) Vamos rezar hoje pela nossa escola:

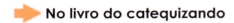

Jesus, mestre e amigo, abençoai a nossa escola, nossos professores e amigos, também todos que nela trabalham.

Quem quiser pode fazer um pedido também.

Concluir com o Pai-nosso.

No livro do catequizando

- Orientar as atividades.

Na nossa família

- Pergunte ao seu pai se tinha escola onde ele morava, como era o estudo quando ele tinha sua idade.
- Pergunte a sua mãe o que ela lembra da escola.

O diferente merece respeito!

Que o amor fraterno vos una. (Cf. Rm 12,10)

Objetivos do encontro

- Perceber que as diferenças não impedem a experiência do amor fraterno, da unidade, da amizade.
- Reconhecer que respeitar o diferente é viver o que Jesus nos pede.

O catequizando deverá perceber que as diferenças somam e não precisam dividir. Respeitar o diferente é viver a fraternidade desejada por Deus.

Material necessário

- Procurar no *youtube* a música "Normal é ser diferente", de Jair Oliveira (CD *Grandes Pequeninos*). Onde for possível, passar o vídeo da música. Providenciar cópias da letra para as crianças cantar juntas (Pode ser num cartaz ou cópias em folhas de sulfite.)
- Papéis coloridos cortados em círculo, com espaço para as crianças escreverem. Os papéis serão colados em um grande círculo representando o mundo.
- Papel kraft com um círculo grande desenhado no meio.
- Providenciar vídeo "O Presente" (*The Present* – legendado), se possível.
- O filme "Cada um na sua casa" pode ser assistido pelo grupo e ajudará na reflexão. O filme pode ser utilizado num outro dia após este encontro.

Preparação do ambiente

- Colocar a Bíblia, vela, flores, num lugar de destaque.

↪ O círculo, representando o mundo, precisa estar pregado num local de destaque. Mas, também pode ser colocado no chão, onde todos possam, depois, colocar seus papéis coloridos.

↪ Preparar o espaço para projetar o filme.

PASSOS DO ENCONTRO

 Olhar a nossa vida

Vamos começar ouvindo e cantando a música "Normal é ser diferente" (ouvir mais de uma vez para as crianças aprenderem.)

Do que está falando essa música? A verdadeira amizade acolhe as diferenças. Diz a música: "todo mundo tem direito de viver e sonhar". Somos todos diferentes e o normal é ser diferente. Acolher a todos é o mais bonito. Ninguém é igual ao outro. O que importa é o que nos une, a amizade, e o amor.

Também são diferentes as religiões das pessoas. Há em nosso mundo várias religiões. Temos que respeitar o jeito que cada um tem de crer. Nós somos cristãos, amigos de Jesus Cristo. Mas temos irmãos em outras religiões que precisam ser respeitados.

Tem gente neste mundo que discrimina e até odeia as pessoas dependendo do time que torce, da religião que pratica, se é pobre, se não estudou... E a lista de preconceito é grande. Vocês já ouviram falar disso? (Ouvir.) Quais as dificuldades que vocês encontram com que é diferente de você?

 Iluminar a nossa vida

Deus nos criou diferentes e ele ama e acolhe a todos. Todos são muito queridos para ele. Jesus vivia repetindo que Deus ama a todos. E o que Ele mais fazia era acolher todas as pessoas. Na Bíblia os evangelhos mostram Jesus acolhendo os pecadores discriminados, os doentes e os sofredores.

O mundo seria muito diferente se houvesse respeito pelas pessoas nas suas diferenças. Amigo de Jesus respeita e acolhe todas as pessoas. O desejo de Deus é que o amor fraterno seja concreto entre nós (cf. Rm 12,10.) Somos irmãos. A diferença nos enriquece. O respeito nos une.

Vamos ver o vídeo "O Presente" (*The Present* – legendado). Todos somos presentes uns para os outros, mesmo com nossas diferenças.

Nosso compromisso

Vamos receber papéis coloridos e dentro deles cada um vai escrever uma característica diferente que mais admira nas pessoas com quem convive. Depois vamos colar o papel dentro deste grande círculo (no papel kraft.) (*Dar tempo para os catequizandos escreverem e colar o papel colorido dentro do círculo.*)

 Celebrar o nosso encontro

Vamos olhar para o "mundo colorido" que fizemos. Nosso mundo é assim: somos diferentes, pensamos diferente, rezamos diferente. Mas, somos todos humanos, todos filhos do mesmo Pai que é Deus.

Em pé, vamos fazer um círculo ao redor do nosso painel colorido, ao lado dele colocar a Bíblia, a vela acesa. Vamos rezar juntos (oração está no livro do catequizando):

Jesus nosso amigo, queremos que o nosso mundo seja um lugar de amizade e para isso queremos respeitar o outro, o diferente de mim, aqueles que convivem comigo na escola, na minha família, na catequese.
Ajuda-nos a compreender as pessoas, sobretudo, as que são muito diferentes de nós, que podem enriquecer nossa vida com experiências e novos modos de existir. Amém!

 No livro do catequizando

↳ Orientar as atividades.

 Na nossa família

↳ Pergunte a sua mãe se há pessoas de outras religiões na família e pergunte a qual religião ou igreja pertencem. Anote no seu livro.

↳ Pergunte a seus pais o que acham das brigas entre as pessoas só porque torcem por um time diferente ou porque rezam diferente dos outros.

Crescer...Dói?

Confia no Senhor com todo o teu coração. (Pr 3,5a)

Objetivos do encontro

- Compreender que o crescimento contém alegrias e dores e que Deus se faz presente em nosso crescimento.
- Perceber que confiar em Deus nos ajuda a assumir o nosso crescimento diante das alegrias e tristezas que vivermos.

O catequizando precisa perceber que viver é crescimento e isso implica lidar com as dores que possam surgir. Deus nos quer crescendo no amor.

Material necessário

 Procurar a música "Toda criança quer" (de autoria da *Palavra Cantada*) no *youtube*. Providenciar cópia da letra da música para todos (a letra pode ser copiada num cartaz para todos lerem juntos.)

 Escrever uma faixa: "Feliz aquele que confia no Senhor".

Preparação do ambiente

 Colocar a Bíblia, vela e a faixa em lugar de destaque.

PASSOS DO ENCONTRO

▶ Olhar a nossa vida

Vamos ouvir a música "Toda criança quer" (*Palavra Cantada*) e prestar atenção na letra (repetir a música para o grupo aprender.)

Diz a música "Toda criança quer crescer. Toda criança quer ser um adulto..." A gente quer crescer logo, mas crescer tem consequências. Nosso corpo cresce, fica maior que as roupas que usamos, que logo não servem mais. Isso é natural na vida.

Crescer é muito bom. A vida é crescimento. Crescer faz a gente ir fazendo mais perguntas: o que somos, de onde viemos (como nos diz a música que cantamos). Nem sempre é fácil ir respondendo as questões que aparecem. Nem todo adulto consegue responder essas grandes perguntas. Então, a dúvida faz parte do crescimento.

Vamos crescendo e nossos pais logo dizem: você não é mais criancinha, por isso, precisa assumir responsabilidade. Tem que ir para a escola, tem que ajudar a arrumar o quarto. Alguns até ajudam a olhar o irmãozinho. Não é assim? (Ouvir.) Crescer implica mais responsabilidades.

Viver e crescer implica também lidar com a dor que surge e faz parte da vida. Amar é a coisa mais linda da vida, como já vimos nos encontros anteriores. Mas amar às vezes dói muito. Isto porque pode acontecer de amarmos um amigo, mas ele não sentir a mesma amizade por nós.

 Iluminar a nossa vida

A vida sempre vai nos surpreender. Crescer, amadurecer é bom, mas pode doer. Crescer implica mudar de opinião, aceitar aquilo que a gente, às vezes, não gosta muito. Então, crescer pode doer.

O importante é confiar no amor de Deus que quer nosso crescimento, amadurecimento. Feliz quem confia no Senhor, "Confia no Senhor com todo o teu coração"(Pr 3,5-6), diz a Bíblia. Ele está conosco o tempo todo, mesmo que a gente não perceba. Deus quer que a gente cresça e amadureça e aprenda a lidar com as surpresas que podem surgir (alegres ou tristes). Jesus nos mostrou que Deus quer que orientemos a vida na direção do amor, isso é o mais importante. Mesmo que tenha dor, não desistir de amar, assim Jesus nos mostrou. Da dor pode nascer a sensação e constatação boa de que crescemos, superamos um obstáculo, mudamos de atitude, aprendemos algo.

 Nosso compromisso

Vamos pegar nosso livro e escrever: o que quero ser como pessoa quando crescer? Também escreva a profissão que quer escolher. Olhe bem, uma das respostas é o que você quer ser como pessoa: seu jeito de ser, pensar e agir. (Dar tempo para realizar esta tarefa e ouvir a resposta de cada catequizando).

Celebrar o nosso encontro

Em círculo e ao redor da Bíblia, de mãos dadas, vamos rezar juntos (oração está no livro do catequizando):

Creio que Deus está aqui, comigo.
Creio que Deus me acompanha nos meus caminhos de crescimento.
Creio que Deus me escuta com bondade e me acolhe com um sorriso de ternura.
Creio que Deus me ama.
Creio que Deus é amor. Amém!

Vamos dar um abraço demonstrando nosso afeto uns pelos outros.

 No livro do catequizando

Vamos continuar respondendo as questões do nosso livro (que poderá ser feito em casa.)

 Na nossa família

 Perguntar a seus pais se tiveram medo de crescer? Pergunte também se crescer às vezes dói, e se é difícil.

Se você tiver um irmão (ou irmã) mais velho pergunte se crescer dói ou é difícil.

Vivemos e morremos!

O ser humano é semelhante a um sopro; seus dias, como a sombra que passa. (Sl 144,4)

Objetivos do encontro

- Reconhecer a morte como parte integrante da vida.
- Refletir sobre a importância de amar e valorizar a vida de quem amamos.

Ao final do encontro constatar que a vida é frágil, a morte faz parte da vida, por isso, é necessário valorizar as pessoas enquanto convivemos com elas. Com Jesus aprendemos que o amor é mais forte do que a morte.

Material necessário

- A história da Marieta poderá ser narrada com as imagens que estão no livro do Catequizando.
- Uma faixa ou cartaz com a frase: "*Querido Jesus, ajude-nos a amar mais a vida e as pessoas que amamos*".

Preparação do ambiente

- Em lugar de destaque ou no centro do círculo de cadeiras, colocar a Bíblia, e uma vela.
- Colocar a faixa com a frase embaixo da Bíblia.

PASSOS DO ENCONTRO

Olhar a nossa vida

Contar a história.

> **Um amor de cachorrinho**
>
> Lucimara Trevizan
>
> Marieta que amava borboleta tinha um cachorrinho, o Tufão. Tufão ia a todo lugar onde Marieta estava, era seu amigo inseparável e ela o amava muito. Um dia Tufão amanheceu morto. Seu coração parou de bater, disse o veterinário, ele ficou velhinho. E a Marieta ficou muito brava. E esbravejava: "Ó Deus, mas por quê?" E olhava para o céu, para o ar, para os pais e dizia: "Mas por quê?". Seus amigos ficaram curiosos quando a viram esbravejar, até Marieta contar que Tufão, seu amigo, morreu. Aí então ela chorou muito. Os amigos e a mãe da Marieta, dona Julieta, providenciaram o enterro do Tufão. Riram juntos lembrando da alegria do Tufão quando perseguia borboletas, até Marieta sorriu. Ela aprendeu que é bom esbravejar, mas melhor é partilhar a dor e chorar. Pediu para sua mãe colocar uma foto do Tufão num porta-retratos para dele sempre se lembrar.

Alguém já perdeu um bichinho de estimação? (Ouvir.) Nós nascemos e vamos morrer um dia. Não tem jeito, a morte faz parte da vida.

Na nossa vida quando a morte chega é triste, não veremos mais quem a gente ama. Dá vontade de chorar porque queremos continuar vivendo perto daquela pessoa que perdemos. E temos que chorar sim, de preferência junto com outra pessoa que também amava quem perdemos.

Alguém já perdeu uma pessoa querida? (Ouvir.) Não sabemos quando a morte irá chegar. E também para os adultos é difícil entender a morte.

Iluminar a nossa vida

Deus não quer ninguém sofrendo, mas a morte faz parte da vida. "O ser humano é semelhante a um sopro; seus dias, como a sombra que passa" (Sl 144,4). Mas, o amor de Deus é mais forte do que a morte e nos ajuda a viver nossas dores, nossas perdas.

Também Jesus perdeu pessoas queridas. Os evangelhos contam, por exemplo, que Jesus tinha um amigo chamado Lázaro. Suas irmãs Marta e Maria mandaram avisar que ele estava muito doente. Jesus não chegou a tempo. Lázaro já estava morto e enterrado. Jesus ficou muito triste e chorou a morte do amigo. Numa outra passagem da Bíblia, Jesus ficou muito comovido com uma mãe que perdeu o filho ainda muito jovem. Jesus sempre nos mostra que Deus quer a vida.

Com sua vida Jesus nos faz ver que o amor vence a morte. Vamos continuar amando quem perdemos. Por isso, podemos dizer que quem ama não morre, vai ficar sempre vivo em nós. E acreditamos que quem morre está junto de Deus, numa vida nova de amor.

 Nosso compromisso

Como não sabemos quando a morte pode acontecer vamos nos comprometer em amar muito as pessoas que nos são queridas. E também dizer a elas o quanto são importantes para nós. Também precisamos cuidar bem da vida, somos preciosos para Deus.

 Celebrar o nosso encontro

(Alguém acende a vela e a coloca no centro do grupo.)

Vamos rezar pelas pessoas queridas que perdemos e amamos (dar tempo para que as crianças digam os nomes.)

Também vamos rezar pelas pessoas que estão conosco e nos amam (Podemos dizer o nome de quem amamos.)

Rezemos juntos a oração do Salmo:

Mostra-me, Senhor, teu caminho, para que eu o siga em fidelidade para contigo.
De todo coração te darei graças, Senhor meu Deus, e glorificarei para sempre o teu nome.
Grande é o teu amor para comigo. (Cf. Sl 86,11-13a)

Fazer um tempo de silêncio, proclamar novamente o texto do salmo. Vamos repetir este último versículo: Grande é o teu amor para comigo.

Rezar o Pai-nosso de mãos dadas.

 No livro do catequizando

↳ Vamos escrever uma carta para quem amamos.

 Na nossa família

Vamos desenhar no nosso livro o rosto de uma pessoa que amamos e perdemos. Se não conseguir peça para seus pais mostrarem uma foto para você lembrar.

21 Tudo junto e misturado: o belo e o feio em nós

Deixem o trigo e o joio crescerem juntos até o tempo da colheita. (Mt 13,30)

Objetivos do encontro

- Reconhecer que belo e feio se apresentam misturados no nosso dia a dia.
- Distinguir o belo e o feio em nós e escolher ser presença de beleza na vida das pessoas.

O catequizando precisa descobrir que o joio e trigo, o feio e o belo, estão misturados em nossa vida, mas é sempre possível escolher o belo, ser presença de beleza na vida das pessoas. Para isso é preciso saber distinguir o belo e o feio em si mesmo.

Material necessário

- Decorar o local do encontro catequético com gravuras de paisagens belas, pessoas sorrindo, rostos de pessoas envelhecidas, crianças brincando, cenas de pessoas fazendo o bem etc. É possível encontrá-las e recortá-las de revistas velhas ou na internet.
- Papel kraft para dois painéis. Um deles com o título "O que é belo" e o outro "O que é feio?".
- Fichas de papel em branco para os painéis.
- Escrever em várias fichas o que é belo: amar – ser amigo – cuidar – sorrir – ser gentil – ser educado – cuidar da natureza – abraço – uma rosa – brincar – sonhar – ser curioso – plantar uma árvore – viajar – passear - ajudar uma pessoa – ser solidário – ter paciência – ouvir as pessoas.
- Escrever em várias fichas o que é feio: ficar emburrado – ser mal educado – jogar lixo no chão – fazer birra – não ajudar o irmão – dar socos e pontapés – não tomar banho – a violência – roubar – falar palavrão – maltratar – mentir – brigar – não respeitar as diferenças.

- Misturar as fichas do que é belo e o que é feio e entregar para os dois grupos que serão formados. Cada grupo vai colar o que é belo e o que é feio nos painéis.
- Um vaso de barro ou outra vasilha para queimar os papéis durante a celebração final do encontro.
- Providenciar papeizinhos em branco para celebrar o nosso encontro.

Preparação do ambiente

- Organizar as cadeiras em círculo e colocar no centro (no chão), toalha, Bíblia, vela.

PASSOS DO ENCONTRO

Olhar a nossa vida

Vamos iniciar nosso encontro fazendo um painel. Vamos nos dividir em dois grupos. Cada grupo vai receber várias fichas. Nelas está escrito o que é belo e o que é feio. Cada grupo vai separar as fichas e escolher quais irá colar num painel o que é belo e no outro o que é feio (dar tempo para o grupo separar as fichas e também ajudar a colar nos dois painéis.)

Na vida da gente tudo está misturado: o que é belo e o que é feio. A gente escolhe o que é belo e também pode escolher o que é feio. Escolher o que é belo nos faz bem e faz o mundo melhor. Mas também podemos aprender com o que fazemos de feio e não repetir.

A beleza está em toda parte, em nós mesmos, na natureza, nas pessoas. Também o feio. Pode até ser que alguém seja feio por dentro, tenha pensamentos ruins sobre os outros e espalhe fofocas. E, pode ser que alguém seja belo por dentro e por fora.

Iluminar a nossa vida

Jesus um dia contou a história de um homem que semeou sementes boas, o trigo, nas suas terras. Mas, durante a noite veio um inimigo e plantou uma semente ruim, chamada joio. Quando o trigo cresceu, também o joio cresceu. Os empregados desse homem perguntaram se podiam cortar o joio e ele disse que não, pois assim iriam também cortar o trigo. Pediu para deixar o trigo e o joio crescerem juntos e depois serem cortados ao mesmo tempo. Depois de cortados seria possível separar o trigo do joio e queimar o joio (Mt 13,24-29.)

Essa é uma história que Jesus contou, para nos ajudar a ver que na nossa vida também cresce junto o joio. O importante é ficar perto de Jesus e aprender a diferenciar o joio e o trigo, o que é bom e ruim. Deixar espaço em nossa vida para que Jesus semeie seu amor e nos ajude a escolher o belo. Também não ficar triste se crescer o joio, se isso acontecer é preciso parar e rever as atitudes para separar o joio do trigo, o feio e o belo.

 Nosso compromisso

Precisamos conhecer bem o que é belo em nós e também o que é feio. Assim vamos aprendendo a escolher o belo e evitar realizar o que é feio.

Vamos escrever nas fichas em branco: o que é joio em mim? (O que é feio, o que é erva daninha que me atrapalha a viver?). Dar tempo para cada um escrever.

 Celebrar o nosso encontro

Vamos pedir a Deus que nos ajude a distinguir o belo e o feio e a escolher sempre o belo. Em silêncio, vamos colocar na vasilha do centro o que é joio em nós, tudo que é feio e precisa extinto. Se o local for adequado, pode-se queimar os papeizinhos ou picá-los com as mãos.

Catequizandos: Senhor, queremos ser lugares de beleza na vida das pessoas. Ajuda-nos!

Catequizandas: Senhor, muitas vezes realçamos mais o que é feio nos outros ao invés de destacar suas belezas. Ajuda-nos a ter o teu olhar amoroso em tudo.

Rezemos:

Senhor, Deus de bondade e amor, ajude-nos a ver o belo e o feio e a aprender a distinguir cada um em nossa vida. Ensina-nos a escolher sempre o belo, o bem, a verdade. E, obrigada por tantas coisas belas na nossa vida: a natureza, as pessoas, os animais, as flores... Amém!

Pai nosso...

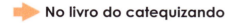

No livro do catequizando

↳ Vamos escrever o que o que é belo em nós.

Na nossa família

↳ Perguntar aos seus pais o que eles acham mais bonito em você. Também o que acham feio no seu modo de ser.

22. A mentira tem vida curta

*A mentira tem vida curta, mas a verdade
vive para sempre. (Pr 12,19)*

Objetivo do encontro

- Refletir sobre os motivos pelos quais as pessoas mentem.
- Identificar as consequências da mentira na nossa vida e das pessoas.

Ao final do encontro compreender que a mentira faz com que as pessoas não acreditem em nós. Dizer a verdade é sempre o melhor.

Material necessário

- Procurar a história "O Pastor e o lobo" (*histórias para acordar* – Tia Tina) na internet ou outra versão desta história. E, se possível, passar o vídeo para as crianças. Lembre-se que no celular também é possível mostrar a historinha.
- Papel kraft cortado em pedaços para que cada grupo escreva uma frase.
- Providenciar a música "Igual à ovelhinha" (Pe. Zezinho – CD *Deus é bonito.*)

Preparação do ambiente

- Cadeiras em círculo, Bíblia e vela em lugar de destaque ou no chão, no centro do círculo, em cima de panos coloridos ou uma toalha.

PASSOS DO ENCONTRO

➡ Olhar a nossa vida

Onde for possível, passar o vídeo com a história "O Pastor e o lobo".

A história do pastor e o lobo é muito interessante.

O Pastor era um menino que todo dia ia vigiar as ovelhas no alto da montanha, para protegê-las dos lobos que existiam naquela região. Um dia o menino resolveu por brincadeira gritar que havia um lobo e os habitantes da aldeia ouviram e foram ajudar o menino. Lá chegando viram que era mentira. O menino ria até não poder mais. E, fez isso mais vezes, até que o pessoal parou de acreditar nele e ir ajudá-lo. Um dia um lobo começou a atacar as ovelhas e o menino gritou, mas ninguém foi ajudá-lo. E sabem por quê? Ninguém acredita em mentiroso. O menino ficou sem rebanho e sem amigos.

Assim também deve ser conosco, mesmo que a gente ache que contar uma mentirinha pequena não faz mal, a gente se engana. Sempre é bom dizer a verdade. A gente pensa que engana a mãe, os amigos, os irmãos, a professora. Mas, eles sabem quando mentimos.

⬤ Iluminar a nossa vida

Às vezes mentimos por medo dos pais, professores, dos amigos, quando fizemos algo que não foi bom. Mentimos por medo de ser punidos. Nossos pais nos amam, mesmo que o castigo seja justo, eles querem nos corrigir e ajudar a assumir as consequências do que fazemos.

Outras vezes queremos ganhar a confiança das pessoas, nos sentimos diminuídos diante de alguém e aí contamos vantagens mentirosas. Por exemplo, meu amigo corre mais rápido do que eu na escola e aí começo a contar coisas que nunca fiz, como ganhar o campeonato de natação na cidade dos meus avós. Se alguém é melhor que você em algo, isso não diminui você, que deve ter outras características diferentes. É preciso que assumamos o que somos, descobrindo também em nós coisas boas que conseguimos fazer ou ser. É muito chato ficar perto de quem só conta vantagens.

Pode acontecer também que a gente está triste, muito chateado com alguma coisa e não fala para ninguém. Os pais percebem que estamos tristes e a gente para não falar a verdade começa a inventar dor de cabeça, dor de dente, para não ir à escola. Isso tudo para acobertar algo que não está indo bem. Contar a verdade, abrir o coração neste caso, vai fazer com que nossos pais nos ajudem quanto ao que está acontecendo e que está nos deixando tristes.

Em todos os casos é sempre bom lembrar que nossos pais querem o melhor de nós e dizer a verdade é a melhor saída. Também para a catequista você pode abrir seu coração. Dizer a verdade nos fará sentir bem melhor. É preciso que assumamos o que somos, descobrindo também em nós coisas boas que conseguimos fazer ou ser, como no caso da história do pastor e o lobo.

Diz a Bíblia no livro dos Provérbios "A *mentira* tem vida curta, mas a verdade vive para sempre" (Pr 12,19.) Dizer a verdade é a melhor coisa a ser feita. Mentir acaba sempre por trazer as suas consequências. Ninguém acredita em um mentiroso, mesmo quando ele fala a verdade...

Ah! E há situações que fazem parte da vida. Não queremos magoar as pessoas em algumas situações e então nesses casos a gente simplesmente não diz o que pensa. Por exemplo, se você ganhou um brinquedo do seu avô e não gostou, não precisa dizer que não gostou, você agradece, porque afinal seu avô pensou em você com carinho e lhe deu um presente. Se você encontra a vizinha na rua e diz: "Como você é feia!" ela ficará triste, criará um constrangimento para seus pais que ficarão muito decepcionados com você. Então é preciso saber ficar calado em certas ocasiões. A gente vai lidar com isso a vida toda.

Há situações em que dizer ao outro o que pensamos ou acreditamos ser verdade só trará tristezas. Por isso, há ocasiões que a melhor opção é ficar quietinho.

Música: Igual à ovelhinha (Pe. Zezinho – CD *Deus é bonito.*)

Nosso compromisso

Vamos dividir em pequenos grupos. Cada grupo vai receber um pedaço de papel e irá escrever um compromisso de não mentir. Por exemplo: "Queremos dizer a verdade porque mentir magoa quem amamos."

Celebrar o nosso encontro

Ao redor da Bíblia e vela acesa vamos ler novamente o texto do livro de Provérbios (Pr 12,19). Em seguida cada grupo vai ler o compromisso que fez e colocar ao redor da Bíblia.

Vamos pedir a Deus que nos ajude a ser verdadeiros, porque dizer a verdade é um jeito de fazer acontecer o que Deus quer. Pai nosso...

 No livro do catequizando

↳ Orientar as atividades.

 Na nossa família

↳ Contar a seus pais o que gostou de ouvir no encontro de hoje. Perguntar o que eles acham de quem mente.

A comparação

E vós valeis muito mais do que os pássaros. (Lc 12,24)

Objetivos do encontro

- Compreender que cada um é precioso e não precisamos nos comparar aos outros, ter inveja dos outros.
- Valorizar as próprias qualidades.

Ao final do encontro perceber que cada um é precioso para Deus que nos ama como somos. Ficar se comparando com os outros é muito ruim, melhor é valorizar o que cada um é, ciente de que Deus ama as pessoas como elas são.

Material necessário

- Papel kraft para um grande cartaz onde os catequizandos irão colar os conselhos que irão escrever em bilhetes. Se não houver papel para o cartaz os bilhetes poderão ser colocados com fita crepe em um quadro ou colocados ao redor da Bíblia.
- No centro do cartaz ou quadro pode haver um desenho de um coelho.
- Preparar papeizinhos em branco com as preces para o momento de celebrar o encontro. Definir quem fará cada prece.

Preparação do ambiente

- Organizar as cadeiras em semicírculo e em lugar de destaque mesa com toalha, Bíblia, vela, flores.

PASSOS DO ENCONTRO

 Olhar a nossa vida

Narrar a história que também se encontra no livro do catequizando.

Ninguém é perfeito

Lucimara Trevizan

Era uma vez um coelhinho chamado João. Ele morava numa cidade cheia de árvores e jardins, chamada cidade das rosas e tinha muitos irmãos. E desde cedo apresentou sintomas de uma síndrome rara (uma doença rara), chamada síndrome da comparação. O médico coelho chamado Roberto, explicou a dona Coelha Maria, sua mãe, que João ficava o dia inteiro medindo sua vida pela dos outros. Tinha inveja crônica, dos irmãos, dos brinquedos dos irmãos, dos colegas da escola. Ficava comparando sua aparência, sua casa, suas roupas, sua bicicleta (Coelho anda de bicicleta nesta cidade) e até seu quintal, com as outras pessoas. Essa síndrome fazia o João sofrer porque tudo dos outros era melhor que o dele. Detalhe importante: João não dizia que se sentia assim. Ninguém percebia, embora às vezes, se via João meio triste.

Quando cresceu mais um pouco, o João passou a querer ganhar sempre dos irmãos e dos amigos e dos colegas. Não dava sossego aos irmãos porque queria ganhar os jogos, ser o primeiro a chegar, tirar a melhor nota. Com os amigos era a mesma coisa, João dava socos e pontapés no futebol, passava por cima dos outros, porque queria fazer gol. João queria ganhar tudo, ser o primeiro. Até o melhor amigo magoou. Ele achava que se tivesse sucesso, teria o respeito das pessoas.

A mãe do João, dona Coelha Maria, quando descobriu a síndrome da comparação, percebeu que tinha que fazer algo. E começou a abraçar mais o João, a mostrar o quanto bonito ele era. Também pediu aos irmãos para dizer ao João o que mais gostavam nele. Dona Coelha Maria o chamou para uma conversa e foi direta: "João nós te amamos muito, do jeito que você é. Ninguém é perfeito. Todos temos nossos defeitos. O importante é que você é o meu João, meu querido João". João finalmente contou a mãe que achava que ninguém gostava dele. Ela lhe disse que estava enganado e lhe deu um enorme e apertado abraço.

E pouco a pouco o João foi ficando mais alegre. Foi percebendo que invejar a vida dos outros o fez perder o melhor da sua vida, as brincadeiras com os irmãos e os amigos, o amor dos seus pais. João passou a valorizar a vida, a casa, os amigos, os brinquedos, a se aceitar como era.

 Iluminar a nossa vida

Nós somos muito importantes para nossos pais, irmãos e amigos, do jeito que somos. Também para Deus que nos ama como somos. Não precisamos querer ser iguais aos outros, ter o que os outros possuem. O que vale nesta vida é valorizar o que somos. Ter inveja e ficar se comparando aos outros nos fará perder o melhor, que é viver. Há tantas descobertas, coisas incríveis que poderemos fazer. Querer ser mais do que os outros, nos torna antipáticos e arrogantes.

Jesus um dia disse aos seus discípulos "E vós valeis muito mais do que os pássaros" (Lc 12,24.) Ele nos ajuda a perceber que se Deus cuida de todas as suas criaturas (os pássaros, os lírios etc), muito mais faz por nós seres humanos. Cada dia é uma oportunidade única e irrepetível de viver. Experimentar a alegria de existir, é isso que Deus quer de nós.

Ao invés de ficar se comparando aos outros, vamos olhar para a nossa vida como oportunidade de fazer dela uma história bonita. Cada dia é um cenário em que podemos ativar o amor, a amizade, a alegria, a confiança. Sempre.

 Nosso compromisso

Cada um vai receber um pequeno pedaço de papel e escrever um bilhete para o coelho João. Vamos dar um conselho a ele, como se fôssemos seus melhores amigos. (Dar tempo para a atividade.)

Quem escreveu vai ler e colar o bilhete no cartaz que deve estar pregado em local visível.

 Celebrar o nosso encontro

Ao redor da Bíblia e da vela acesa. A oração se encontra no livro do catequizando.

Catequista: Senhor Deus que nos ama muito e nos quer como seus amigos, nós te pedimos:

Senhor nós te agradecemos pela vida, pelos nossos encontros de catequese e pelos nossos pais.

Todos: Fica conosco, Senhor!

Senhor, livra-nos da inveja e da mania de comparação, de querer ser mais do que os outros.

Todos: Fica conosco, Senhor!

Senhor, ajuda-nos a viver bem com tudo o que somos, sendo amigos uns dos outros.

Todos: Fica conosco, Senhor!

Rezemos juntos:

Pai nosso...

No livro do catequizando

- Orientar as atividades.

Na nossa família

- Contar a história para sua família e conversar sobre comparações.

24 Viver com confiança

Não tenhas medo, pois estou contigo! (Is 43,5a)

Objetivos do encontro

- Identificar meios que ajudam a resgatar a confiança, a enfrentar os medos para viver a vida de modo seguro.
- Perceber que Deus nos chama sempre a passar do medo a coragem.

Ao final do encontro perceber que viver requer que saibamos encarar os medos e não fugir deles. Deus nos chama a passar do medo a coragem de viver.

Material necessário

- Procurar na internet e projetar no datashow o vídeo Piper (2016 - Pixar Animation Studios.) Se não for possível, mostre na internet do celular ou narre a história do Piper.

- Outra dica é assistir o filme "O pequeno Nicolau" e conversar sobre os medos do Nicolau. O filme pode ser assistido após este encontro. Ajudará muito na reflexão.

- Fazer uma faixa de papel com o versículo bíblico "Não tenhas medo, pois estou contigo!" (Is 43,5a.)

Preparação do ambiente

- No local do encontro, colocar em destaque, mesa, toalha, Bíblia, vela, faixa com versículo bíblico.

PASSOS DO ENCONTRO

 Olhar a nossa vida

Vamos ver o vídeo Piper, se não for possível projetar, narre a história.

> Era uma vez um pequeno passarinho cuja mamãe pretendia ensinar a se alimentar sozinho. No entanto, o medo do desconhecido provocou um início complicado no treinamento de sobrevivência conduzido pela mamãe. Piper morava com a mãe e um monte de parentes, bem próximo ao mar. A comida ficava na área da praia. A mãe se negava a dar comida, ele teria que vir até a praia pegar onde ela mostrava. Mas, uma onda o pegou e ele passou a ficar apavorado só de pensar em chegar perto novamente do lugar onde a mãe estava. Seu medo o manteve faminto até que ele encontrou um magnífico instrutor na forma de um caranguejo solitário. Piper aprendeu com o caranguejo como se preparar para receber a onda e no meio de uma delas abriu os olhos e viu onde estava a comida. Quando a onda se retirou ele passou a correr e pegar os moluscos escondidos. Sua mãe nem acreditava no que estava vendo. Ele ajudou a todos a pegar comida e dormiu exausto no final do dia.

Piper nos ensina que a confiança é fundamental. A mãe o fez encarar o perigo para pegar comida, a confiar nela e sair do ninho. Se ficasse no ninho era mais confortável, mas ele precisava crescer. Era preciso encarar a vida de modo novo. Depois Piper enfrentou o medo e acabou descobrindo um jeito novo de achar a comida e de viver.

 Iluminar a nossa vida

Nós precisamos também confiar na vida, usando ou desenvolvendo nossos talentos/dons. A mãe do Piper o desafiou, mas ele sabia que ela estaria por perto. Amar significa querer que o filho cresça, que encontre novo jeito de ser e de pensar, mesmo que haja desafios. Vai haver momentos na vida, que mesmo com os pais por perto, teremos que enfrentar as "ondas", as dificuldades, as necessidades que aparecerem. Vamos ter que encarar a vida de uma outra maneira, como fez Piper.

Em várias passagens da Bíblia vemos que Deus nos pede para não ter medo e confiar, pois, Ele nos ama e está conosco. Neste bonito versículo do livro do profeta Isaías, Deus nos diz: "Não tenhas medo, pois estou contigo!" (Is 43,5a.) Também Jesus várias vezes pede para não termos medo e confiar. Então, nós precisamos "atravessar", ou seja, a superar os nossos medos e passar a viver com coragem e confiança, lembrando sempre que Deus nos acompanha.

E para as pessoas e amigos que perderam a coragem-confiança na vida e estão desanimados, podemos lembrá-las de que é preciso seguir em frente. Mesmo com medos e obstáculos, algo novo nascerá. A verdadeira segurança cresce no coração e na confiança de sermos protegidos por Deus, que sabe o que precisamos.

 Nosso compromisso

Vamos completar o quadro do nosso livro do catequizando, respondendo: Tenho medo de que? Qual coragem precisa?

Catequista acompanhar o desenvolvimento da atividade e ressaltar que é importante conversar sobre os medos pois isso ajuda a encontrar soluções para enfrentá-los.

 Celebrar o nosso encontro

(Ao redor da Bíblia.)

Vamos apresentar a Jesus nossos medos (cada um pode ler os seus medos se quiserem.)

Acender a vela e colocar ao lado da Bíblia.

Também vamos pedir a Jesus mais coragem e confiança (Dar tempo para que cada um diga a coragem que busca e precisa.)

Rezemos juntos a oração que Jesus nos ensinou. Pai nosso...

 No livro do catequizando

↳ O que você aprendeu com nosso encontro?

 Na nossa família

↳ Conte para sua família a história de Piper.
↳ Pergunte a seus pais do que eles têm medo. Diga a eles os seus medos.

25. Jesus nos revela o amor!

Assim como eu vos amei, amai-vos também uns aos outros. (Jo 13,34b)

Objetivo do encontro

- Perceber que Jesus nos mostra o caminho da fraternidade, da bondade, da igualdade e do amor.
- Fazer memória do que foi aprendido ao longo dos encontros e, ao mesmo tempo, vislumbrar novos passos que precisam ser dados.
- Identificar o que foi aprendido nos encontros sobre o modo de Jesus revelar o amor de Deus.

Ao final do encontro reconhecer que durante a caminhada na catequese fomos descobrindo sobre como Jesus nos revela o amor de Deus.

Material necessário

- Providenciar desenhos de pegadas de pés, grandes, em papel kraft. Nestas pegadas escrever as seguintes frases: conhecer melhor Jesus – conhecer os amigos de Jesus – conhecer melhor a família de Jesus – acompanhar os passos de Jesus – aprender a amar como Jesus amou.
- Providenciar a música "Fico assim sem você" (CD Adriana *Partimpim*) que será utilizada no encontro.
- Procurar a letra da música "A Paz (Heal the world)" que será utilizada na celebração durante o próximo encontro. Se possível já ensaiar com o grupo no final deste encontro.

Preparação do ambiente

- Preparar a Bíblia, a vela, as flores, os objetos, os cartazes, as coisas que o grupo de catequizando foi fazendo ao longo dos encontros para fazer memória da caminhada e dispor no centro do local do encontro.

PASSOS DO ENCONTRO

 Olhar a nossa vida

Com o grupo de catequizandos num círculo maior, em pé, comentar: Durante todo os nossos encontros de catequese fomos convidados a dar um passo à frente no amor, no cuidado com a natureza, na vivência em comunidade... Em que mais? (Ouvir.) (A cada indicação dar um passo à frente, de maneira que o grupo vá ficando bem pertinho um do outro.)

Foi muito bom dar passos e crescer juntos! Do que vocês mais gostaram nos encontros? (Ouvir.)

 Iluminar a nossa vida

Jesus mostrou que Deus nos ama muito. E nos pede que também nós nos amemos uns aos outros, como ele nos ama (Jo 13,34). Jesus nos convida a caminhar com ele, a crescer no amor, na convivência, na alegria, na partilha. Através dos nossos encontros fomos percebendo que Jesus nos mostra o caminho da fraternidade, da bondade, da igualdade. Ou seja, o caminho de quem ama.

Ser amigo de Jesus é trilhar esse caminho, sabendo que na vida podemos ter sofrimentos, perdas, alegrias, mas Ele está conosco, nos animando, nos ajudando a amar ainda mais. Podemos modificar o mundo, construindo a alegria a cada dia. Vivendo em comunidade, na Igreja, podemos juntos amar como Ele nos ama, ser sinal desse amor no local onde vivemos.

Como Guardiões da criação e herdeiros do futuro, podemos ajudar Deus a ir transformando o mundo do jeito que ele quer. Deus nos criou para amar, não podemos nos esquecer, já que Jesus tantas vezes nos falou.

 Nosso compromisso

Nós já vimos que nem sempre é fácil amar os irmãos. Durante a próxima semana podemos tentar amar mais? Como? (Ouvir.)

Vamos nos comprometer a continuar dando passos no caminho de Jesus, permanecendo na catequese, na comunidade, buscando conhecer ainda mais Jesus. Vocês topam? (Ouvir.)

Quando amamos ficamos tristes longe da pessoa amada. Será triste também se ficarmos longe uns dos outros. É disso que fala a música que iremos cantar.

Música: "Fico assim sem você" (CD Adriana *Partimpim*.)

 Celebrar o nosso encontro

Ao redor da Bíblia, dos objetos que representam a memória da caminhada, vamos apresentar a Deus os passos que ainda queremos dar na catequese, no caminho de Jesus e do seu amor:

- Conhecer melhor Jesus.
- Conhecer os amigos de Jesus.
- Conhecer melhor a família de Jesus.
- Acompanhar os passos de Jesus.
- Aprender a amar como Jesus amou.

(Um catequizando por vez, coloca a faixa em um local visível no centro ao redor da Bíblia.)

Rezemos juntos o Pai-nosso, a oração que Jesus nos ensinou.

 No livro do catequizando

Vamos responder as questões propostas.

 Na nossa família

- Conte aos seus o compromisso que você assumiu na catequese de continuar a dar outros passos no caminho de Jesus.

Celebração
26 — Ser sal e luz do mundo

Vós sois o sal da terra. Vós sois a luz do mundo. (Mt 5,13.14)

Objetivos da celebração

- Perceber que ser "sal" e "luz" é nossa vocação.
- Compreender que com nossas atitudes e comportamentos podemos tornar a nossa realidade um lugar melhor para conviver.

Perceber que com nossas atitudes e comportamentos podemos iluminar e trazer um novo sabor para a vida das pessoas no mundo, começando com quem convive conosco.

Material necessário

- Procurar na internet a música "A Paz (*Heal the world*)" (Roupa Nova), providenciar cópias da letra ou fazer cartaz com a letra para que todos acompanhem. Ensaiar a música antes de começar a celebração.
- Providenciar um mapa do mundo ou um globo terrestre (se possível.) O mapa do mundo pode também ser desenhado num cartaz.
- Se possível, dar um saquinho pequeno com sal, a cada catequizando no final da celebração.
- Verificar possibilidade de oferecer um café com bolo no final da celebração.

Preparação do ambiente

- Preparar uma mesa com toalha para ser colocada no centro do círculo com as crianças.
- Durante a procissão de entrada coloca-se na mesa a Bíblia, vela grande, vasilha com sal, mapa do mundo.

PASSOS DA CELEBRAÇÃO

 Acolhida

Catequista: Vamos iniciar este momento cantando (Enquanto todos cantam, entra a vela, flores, vasilha com sal.) **Música:** A Paz (*Heal the world*) – Roupa Nova.

(Utilizar a letra para acompanhar a música.)

Catequista: Em nome do Pai, do Filho e do Espírito Santo.

Todos: Amém!

Catequista: É uma alegria nos reunirmos para celebrar a nossa vida que é sal e luz no meio do mundo. Vamos nos abraçar desejando-nos a paz.

 Proclamação da Palavra

Catequista: A Palavra de Deus vai passar de mão em mão, ela que nos guia pelo caminho da catequese. Enquanto isso, vamos cantar.

Canto de aclamação: A Palavra de Deus é luz, que nos guia na escuridão! É semente de paz, de justiça e perdão!

Texto bíblico: Mt 5,13-16

Reflexão: Jesus nos diz que somos "Sal" e "Luz" do mundo. É "sal" quem vive a vida com alegria e contagia as pessoas com seu gosto de viver. É "luz" quem é amoroso e com seu jeito de ser, dissipa o que é "sombra" e nos faz perceber o sentido luminoso da nossa vida. Ser "luz" e "sal" é o oposto de se achar superior aos outros, de ser invejoso, egoísta. Podemos também dizer que a vida de Jesus aparece como "sal" e "luz" pelo que Ele era e vivia. Sua mensagem era simples: "sal" e "luz" é o mesmo que ser amoroso, bom, verdadeiro, neste mundo que tanto precisa de amor e paz.

Nós cantamos que "Só o amor muda o que já se fez e a força da paz junta todos outra vez. Já é hora de acender a chama da vida e fazer a terra inteira feliz". Vamos repetir cantando suavemente. Depois façamos alguns minutos de silêncio para pensar o que podemos fazer para promover a paz em nossas casas e deixar as pessoas de nossa família mais felizes.

 **Preces**

Catequista: Apresentemos a Deus a nossa vida, chamada a ser "sal" e "luz" num mundo tão carente de amor e paz.

Todos: Senhor, abençoe nossa vida e nos dê a paz!

Senhor Deus, ajuda-nos a ser "luz"! Que minhas atitudes e comportamentos sejam capazes de iluminar a vida da minha família, dos meus amigos e do mundo!

Senhor Deus, ajuda-nos a ser "sal"! Que nossa vida traga um sabor diferente no mundo e ajude a transformar todo pranto, sofrimento em perdão e amor.

Preces espontâneas

Catequista: Ao redor do mapa do mundo, vamos dar as mãos, ficar bem juntinho e pedir pela paz, rezando juntos o Pai-nosso.

(entrega do sal)

Canto final (a escolha)

Confraternização

ANEXOS

ANEXO

Campanha da Fraternidade

Objetivo do encontro

- Apresentar o tema da Campanha da Fraternidade (CF.)

Ajudar o catequizando a viver a fraternidade é o grande objetivo deste encontro.

Material necessário

- Subsídio da CF com crianças (se possível) para que seja feita adaptação com o tema de cada ano.
- Cartaz da Campanha da Fraternidade.
- Providenciar a música "O Bom Samaritano" do CD *Sementinha 1 e 2*. Se possível, fazer cópia da letra ou colocar a letra num cartaz, onde não der para projetá-la no datashow.
- Procurar na internet o vídeo "herói anônimo" ou outro que mostre pessoas se ajudando (veja sugestões no site: www.catequesehoje.org.br). Se não for possível utilizar datashow, mostre pela internet do celular.)

Preparação do ambiente

- Colocar em lugar de destaque a Bíblia, a vela, uma flor, um cartaz da Campanha da Fraternidade.

PASSOS DO ENCONTRO

➡ Olhar a nossa vida

Há muitas pessoas no mundo que, sem que ninguém saiba, ajudam as outras que mais precisam. Isso é viver a fraternidade (exibir um vídeo que fale de fraternidade como o do herói anônimo ou outro.)

Onde podemos encontrar exemplos de fraternidade em nossa cidade? (Ouvir.) Contar ações que a própria comunidade já faz: campanhas, trabalhos com idosos, crianças etc. Estar atento para o fato de que pode haver catequizandos cuja família também precisa de nossa solidariedade e tentar ajudar.

 Iluminar a nossa vida

Todo ano a Igreja no Brasil organiza a Campanha da Fraternidade (CF) durante a quaresma e propõe um tema de reflexão. Apresentar o tema e o cartaz da CF e pedir para escreverem o tema no livro do catequizando.

O que a CF quer é nos ajudar a viver a fraternidade e olhar para uma realidade (a cada ano), que precisa da nossa solidariedade (Lembrar o tema do ano e o que a Igreja está pedindo e destacar o texto bíblico que motiva o tema.)

 Nosso compromisso

Quais atitudes podemos ter que demonstrem que somos solidários? (Ouvir.)

 Celebrar o nosso encontro

(Em pé, ao redor da Palavra de Deus) Jesus viveu a fraternidade o tempo todo: Curou os doentes, consolou os sofredores, ensinou a fazer o bem a todos, a viver o amor. Peçamos a ele (repitam comigo):

"Jesus encha nosso coração de amor pelas pessoas, sobretudo as que mais precisam de ajuda. Amém".

Música: O Bom Samaritano (CD *Sementinha 1 e 2* – Paulinas Comep) ou outra.

 No livro do catequizando

- Lembrar os nomes de pessoas que são solidárias.

Na nossa família

- Perguntar o que sabem sobre a Campanha da Fraternidade. Mostrar a frase do cartaz que copiou no livro e explicar o que entendeu.
- Fazer, nesta semana, algum gesto especial de amor, amizade e colaboração para com as pessoas de casa.

ANEXO 2

Celebração da Páscoa
Jesus ressuscitou! Aleluia!

Felizes os que não viram e creram. (Jo 20,29b)

Objetivos da celebração

- Celebrar a Páscoa: a ressurreição de Jesus.
- Compreender que a Páscoa é passagem da situação de morte para a vida.

Material necessário

- Desenhar um sol bem grande.
- Faixas com situações de morte: desemprego, ódio, violência, desrespeito, preconceito, fome, falta de moradia, miséria, corrupção...
- Faixas com situações de vida: perdão, acolhimento, solidariedade, diálogo, justiça, igualdade...
- Providenciar as músicas: Tomé (CD *Sementinha 1 e 2* Maria Sardenberg) e "É Páscoa, que Alegria!" – (Ir. Míria T. Kolling) ou outra. Apresentar a letra das músicas, segundo as condições de sua realidade: projetar no datashow, escrever em papel kraft ou em papel sulfite para que todos possam ler e cantar.
- Se possível organizar uma rápida dramatização para a letra da Música Tomé ou cantar a música com gestos.
- Será preciso ensaiar as músicas antes da celebração.

Preparação do ambiente

- Flores, Bíblia, vela grande bonita, cruz, desenho do sol, sejam colocados no chão em cima de uma toalha bonita ou numa mesa.
- As cadeiras dos catequizandos deverão ser colocadas em círculo.

PASSOS DA CELEBRAÇÃO

Acolhida

Catequista: Vamos iniciar nossa celebração cantando:

Ó Luz do Senhor, que vem sobre a terra: inunda meu ser, permanece em nós! ! (Bis)

Catequista: Em nome do Pai, do Filho e do Espírito Santo.

Todos: Bendito seja Deus que nos reuniu no amor de Cristo (bis)

 ### Recordação da vida

Catequista: Celebrar a Páscoa é celebrar a passagem da morte para a vida: Jesus Ressuscitou! Na nossa vida também vivemos Páscoa quando superamos as situações de morte. Vamos lembrar as situações de "trevas", de morte em nosso mundo, na nossa cidade, na nossa família e comunidade. (Os catequizandos já escolhidos mostram as faixas com as situações de morte e a colocam ao redor do desenho do sol.)

 ### Proclamação da Palavra

Catequista: É Páscoa, Jesus venceu a morte. Jesus vive! O Evangelho de João conta que depois da morte de Jesus seus amigos estavam tristes, mas Jesus apareceu no meio deles, dizendo: "A paz esteja com vocês!". Eles ficaram muito felizes. Mas, Tomé não estava com eles e não acreditou quando os amigos contaram que Jesus estava vivo e queria tocar Jesus pra ter certeza de que era ele mesmo (Jo 20,19-29). Vamos ouvir e cantar a música Tomé e compreender o que houve.

Música: Tomé, CD *Sementinha 1 e 2*. Maria Sardenberg

Reflexão: Jesus venceu a morte. Com Ele acontece algo totalmente novo. Ele traz uma nova maneira de viver. Tomé não acreditou na presença de Jesus. Nós também não vemos Jesus, mas acreditamos que Ele vive. E Jesus vive em nós quando somos sinais de vida, de luz, ou seja, quando amamos, perdoamos, somos amigos.... Quando isso acontece, a vida vence a morte. A vida vence as trevas.

(Colocar as faixas com as situações de vida em cima das faixas com as situações de morte.)

 Rezemos juntos

Catequista: Elevemos a Jesus nossos louvores e gratidão!

Todos: Minha luz é Jesus e Jesus me conduz pelos caminhos da Paz!

Leitor 1: Querido Jesus, ajuda-nos a ser reflexos do seu amor e da sua bondade no meio do mundo!

Leitor 2: Querido Jesus, luz do mundo, inunda-nos com a luz dos seus dons para que sejamos capazes de superar as trevas com nosso jeito de ser.

(Motivar os catequizando a darem graças pelas situações de luz em nossa vida.)

Abraço de Feliz Páscoa

Catequista: Vamos terminar este momento saudando os nossos colegas com o abraço de Feliz Páscoa!

Música: É Páscoa, que Alegria! – (Ir. Míria T. Kolling) ou outra.

ANEXO 3

Celebração
Maria, a mãe de Jesus e nossa!

Bendita és tu entre as mulheres e bendito é o fruto do teu ventre! (Lc 1, 42)

Objetivos da celebração

- Entender que pelo SIM de Maria o salvador veio ao mundo.
- Reconhecer que Maria é a mãe de Jesus e nossa mãe que intercede junto a Deus aos que a ela recorrem.

Material necessário

- Providenciar a música "Maria de Nazaré" e "História de Maria" (ambas do Pe. Zezinho) que podem ser encontradas na internet. Fazer cópias da letra para todos, projetar a letra ou fazer escrever a letra num cartaz também é possível. Se possível ensaiar as músicas antes de começar a celebração.
- Uma imagem de Maria (pode ser também algum quadro ou gravura).
- Flores.
- Combinar com os catequizandos quem irá entrar com a imagem de Maria, quem fará as preces.

Preparação do ambiente

- Mesa com toalha, Bíblia, vela numa mesa no centro do grupo.
- Colocar as cadeiras em círculo.
- No momento indicado na celebração, colocar flores aos pés da imagem de Maria.

PASSOS DA CELEBRAÇÃO

♥ Acolhida

Catequista: Em nome do Pai, do Filho e do Espírito Santo!

Todos: Bendito seja Deus que nos reuniu no amor de Cristo!

✳ Acolhendo Maria

Catequista: Maio é o mês de Maria, a mãe de Jesus, a nossa Senhora. Gostamos muito dela, afinal é a mãe de Jesus. E Jesus deu sua mãe para ser nossa mãe.

Música: Maria de Nazaré (Pe. Zezinho.)

(Entrada da imagem de Nossa Senhora. Colocá-la em lugar de destaque.)

📖 Proclamação da Palavra

Catequista: Esta é a saudação do anjo a Maria quando veio contar que ela seria a mãe de Jesus, o nosso salvador.

Todos: "Alegra-te, cheia de graça, o Senhor está contigo!" (Lc 1,28)

Catequista: Esta é a saudação que a prima de Maria Izabel fez ao receber a visita de Maria.

Todos: "Bendita és tu entre as mulheres e bendito é o fruto do teu ventre!" (Lc 1,42)

Catequista: Para que o Salvador Jesus entrasse na nossa história, faltava o Sim de Maria. E Maria disse "sim" a Deus, aceitando ser a mãe de Jesus, dizendo ao anjo:

Todos: "Aconteça comigo segundo a tua palavra".

Música: História de Maria (Pe. Zezinho) ou outra que narre a história de Maria.

Catequista: É amigo de Maria quem é amigo do seu filho Jesus. Ama Maria, quem faz o que o filho dela pediu, ou seja, amar sempre, ser amigo, ser capaz de dar a vida pelos amigos, desejar um mundo diferente, do jeito que

Deus quer. Maria deseja que sejamos parecidos com o seu filho Jesus, que só fez o bem para todos. Como cada um pode ser parecido com Jesus?

Maria é tão querida, mas tão querida que o povo deu-lhe muitos nomes: Nossa Senhora Aparecida, Nossa Senhora de Fátima, Nossa Senhora das dores (Lembrar outros nomes)... É uma maneira de expressar o amor por ela e pedir sua companhia e proteção.

 Preces

Catequista: Que nos momentos de dificuldades, Maria, a Mãe que Jesus ofereceu a todos nós, possa sempre amparar nossa vida.

Todos: Maria, mãe da Esperança, roga por nós!

Leitor 1: Que Maria nos ajude a dizer sim nos momentos que tivermos que decidir pela amizade, pelo amor, pelo perdão, por um gesto de solidariedade...

Todos: Maria, ensina-nos a dizer sim diante das incertezas da vida!

Leitor 2: Que Maria interceda a Deus, pelas nossas famílias, pela nossa comunidade, pelas pessoas que sofrem, pelas crianças.

Todos: Maria, Mãe de Jesus, olhai por nós!

(Motivar outras preces espontâneas)

Ave Maria

(Ao redor da imagem de Maria)

Catequista: Vamos terminar nossa celebração rezando juntos a Ave Maria, prestando bastante atenção na letra, que é uma saudação a Mãe de Jesus. (Colocar aos pés da imagem flores.)

Música: a escolha (ou repetir Maria de Nazaré)

ANEXO 4

Celebração
A Bíblia, Deus fala com seu povo!

Tua Palavra é uma lâmpada para os meus passos e uma luz para meus caminhos! (Sl 119,105)

Objetivos da celebração

- Celebrar no mês da Bíblia a Palavra de Deus em nosso meio.

Material necessário

- Tiras pequenas de papel com um versículo bíblico (escrever o versículo indicado):

  Sl 86,11 – Sl 107,1 – Sl 118,1 – Sl 119,1 – Sl 119,2 – Sl 119,89 – Sl 119,12 - Sl 119,105 - Sl 103,8 – Sl 104,33 – Sl 33,4 - Sl 138,2 Sl 63,3 – Sl 136,1 – Pr 30,5 – Pr 8,17 – Jo 17,17 – Jo 15,3 - 2 Tm 3,16 - Tg 1,22 – 1Jo 3,18 – Lc 11,28 — Jo 14,6 – 1Jo 3,1 (e outros)

- Uma caixa pequena, enfeitada com as tiras de papel com os versículos dentro.

- Providenciar as músicas, que podem ser encontradas em livros de cantos da comunidade ou na internet. Providenciar letra para todos os catequizandos (escrever num cartaz, fazer cópias para todos ou projetar no datashow).

Preparação do ambiente

- Bíblia, toalha branca, flores, vela (em lugar de destaque numa mesa ou no chão, no centro do círculo.) Colocar as cadeiras em círculo.

PASSOS DA CELEBRAÇÃO

 **Acolhida**

(Chegada e acolhida dos catequizandos)

Catequista: Em nome do Pai...

Todos: Bendito seja Deus que nos reuniu no amor de Cristo!

Catequista: Vamos acolher a Palavra de Deus em nosso meio. (Entrada da Bíblia e vela que deverão ser colocadas em lugar de destaque.)

Refrão meditativo: A Bíblia é a Palavra de Deus semeada no meio do povo... (ou outro.)

Salmo 22

Catequista: A Bíblia é a Palavra de Deus, escrita através de um povo que Ele acompanhou e acompanha. Ela conta a caminhada de fé desse povo que sabia enxergar a presença de Deus no seu dia a. dia. Nela descobrimos também que Jesus falou da vontade de Deus para com todos nós. A Bíblia é como uma carta que Deus nos escreveu, onde encontramos os recados, as mensagens de Deus e seu filho Jesus para nós.

Música: Salmo 22 (cantado conforme costume na comunidade.)

 Leitura Bíblica

Catequista: A Bíblia foi sendo escrita durante muito tempo e transmitida até os dias de hoje, passando de mão em mão até chegar aqui. A Bíblia é Palavra de Deus que ilumina a nossa vida.

Refrão: "Tua Palavra é lâmpada para meus pés, Senhor. Lâmpada para meus pés, senhor, luz para o meu caminho".

(Fazer a Bíblia passar de mão em mão)

Catequista: Cada um irá receber um versículo bíblico e irá ler para todos. (Passar a caixa com as tiras de papel com os versículos para que cada um pegue. Cada catequizando irá ler o versículo que pegou. Repetir o refrão acima, após cada cinco versículos lidos.)

Catequista: Deus continua nos falando através da natureza, das pessoas e da Bíblia. É preciso saber olhar, escutar, compreender e responder ao que Deus nos fala.

 Preces

Catequista: A Bíblia precisa estar sempre em nossas mãos, para iluminar nossas vidas, ajudar a transformar nossa realidade.

Todos: Senhor, que a tua Palavra, transforme a nossa vida!

Leitor 1: Que a Palavra de Deus nos ajude a transformar toda violência, toda ganância, toda miséria, todo abandono, toda injustiça.

Leitor 2: Que a Palavra de Deus ilumine toda nossa vida, sobretudo quando estivermos vivendo situações de desamor, de egoísmo, de inveja, de falta de paciência, de falta de diálogo.

Leitor 3: Que a Palavra de Deus inunde nosso coração com o Amor e a Paz para que o Reino de Deus floresça no meio do mundo.

Rezemos juntos a oração que Jesus nos ensinou. Pai nosso...

Bênção

Catequista: O Deus do amor esteja sempre em nossa vida!

Todos: Amém!

Abraço da Paz

Catequista: Cada um de nós é anunciador da Palavra de Deus. Vamos entregar o versículo bíblico que lemos para um catequizando de outra turma de catequese, fazendo o que Jesus nos pediu: Ide anunciar!

ANEXO 5 — O(a) Padroeiro(a) da minha comunidade

Faço tudo pelo evangelho, para ter parte nele. (1Cor 9,23)

Objetivo do encontro

- Conhecer e celebrar o testemunho do(a) padroeiro(a) da comunidade.

O catequizando ao final do encontro precisa conhecer o padroeiro(a) da comunidade.

Material necessário

- Imagem do(a) Padroeiro(a) da paróquia.
- Oração do Padroeiro para todos os catequizandos.
- Preparar-se com uma lista de nomes de cidades e comunidades vizinhas com nomes de santos.

Preparação do ambiente

- Arrumar uma mesa com toalha e colocar no centro do local do encontro (ou colocar toalha e panos coloridos no chão, com as cadeiras em volta.) A vela, a Bíblia, as flores serão colocadas no momento da celebração final.

PASSOS DO ENCONTRO

 Olhar a nossa vida

Quem sabe o nome do santo padroeiro de nossa comunidade paroquial? (Ouvir.) Na nossa paróquia há comunidades também com nomes de um santo padroeiro (lembrar os nomes). Muitas cidades receberam nomes de santo ou santa da devoção do povo para quem construíram um lugar para rezar, ou uma capela ou igreja. Alguém já ouviu falar que há cidades com nomes de santos? Conhecem alguma? (Ouvir e completar a lista.)

A nossa paróquia reúne o povo para rezar, celebrar e comemorar o dia do Padroeiro(a) (lembrar o dia do Padroeiro.) Ao lado da Igreja (ou no local de costume da sua paróquia) é organizada uma festa para os santos padroeiros, o local é enfeitado. Alguém já participou dessa festa?

 Iluminar a nossa vida

Nossa comunidade paroquial escolheu o santo (dizer o nome) para ser seu protetor, interceder junto a Deus. Por isso, todos os anos a comunidade celebra a sua proteção e agradece preparando uma festa em homenagem ao santo padroeiro, que é um "padrinho" ou "madrinha" da comunidade. Para isso a comunidade se prepara fazendo a novena ou tríduo preparatório para a festa (explicar como é a festa aos catequizandos, de acordo com a sua realidade.)

O Santo(a) Padroeiro(a) é alguém reconhecido pela sua vida de cristão e amigo de Deus (Apresentar a imagem do Padroeiro(a) colocando-a na mesa preparada antecipadamente, no centro da sala de catequese). A imagem do(a) Padroeiro(a) é como se fosse uma fotografia que nos lembra de alguém querido. (Contar as principais virtudes do(a) santo(a) padroeiro, destacar seu testemunho de cristão. Deixar tempo para os catequizandos fazerem perguntas.)

Todos somos chamados a ser santos, vivendo com humildade, sabedoria, alegria, paciência, dando testemunho do amor nas ocupações de cada dia, onde cada um se encontra.

 Nosso Compromisso

A vida do(a) padroeiro(a) é um exemplo que nos ajuda a viver como bons cristãos. O padroeiro(a) é alguém que durante a sua vida foi amigo de Deus e se preocupou com as pessoas. O seu testemunho e ações podem ser imitados por nós. Em que sua vida é exemplo para nós? (Ouvir.)

Todos os anos nossa comunidade paroquial se prepara para o dia do padroeiro com oração e festa? Que tal, participarmos da novena (ou tríduo)? Convide sua família para participar e viver esse momento especial de nossa comunidade.

Celebrar o nosso encontro

Vamos ficar ao redor da imagem do(a) nosso(a) Padroeiro(a).

(Um catequizando acende a vela e coloca ao lado da imagem)

Catequista: Acendemos essa vela pedindo a (nome do santo(a) para que ilumine a nossa vida. O que queremos que seja iluminado? (Dar tempo para os catequizandos responderem.)

(Um catequizando coloca a Bíblia aberta ao lado do(a) santo(a))

Catequista: Pedimos a (nome do santo(a) que nos ajude a caminhar como amigos de Deus e de Jesus, sendo fraternos e vivendo como irmãos.)

(Um catequizando coloca flores ao redor do(a) santo(a))

Catequista: Oferecemos flores como sinal da nossa alegria e agradecimento por ser nosso(a) protetor(a) junto de Deus.

(Motivar os catequizandos a dizerem suas preces de súplica ou agradecimento ao santo(a) Padroeiro(a).)

Rezemos juntos o Pai-nosso.

 No livro do catequizando

- Vamos desenhar o nosso padroeiro(a).

Na nossa família

- Contar e ouvir da família a vida e fatos do Padroeiro.
- Perguntar o que os pais, avós conhecem das festas e orações em homenagem ao padroeiro.
- Conversar sobre a participação de sua família na festa do Padroeiro.

125

ANEXO 6

Celebração de Natal
Um menino nos foi dado!

Nasceu para vós o Salvador, que é Cristo Senhor! (Lc 2,11)

Objetivo da Celebração

- Celebrar o Natal, o nascimento de Jesus.

Material necessário

- Imagens do presépio (menino Jesus, Maria e José, os pastores...).
- Velas coloridas para serem colocadas ao redor do presépio. Velinhas pequenas de aniversário (que não derramam na mão) para cada criança. Se não for possível providencie somente 4 velas grandes para colocar ao redor do presépio.
- Os cânticos sugeridos podem ser encontrados na internet ou no livro de canto da comunidade. Providenciar a letra num cartaz ou fazer cópia para todos os catequizandos. Ensaiar as músicas antes do início da celebração.
- Distribuir entre os catequizandos quem irá fazer leituras, levar a imagem do menino Jesus etc.
- A celebração de Natal poderá ser feita com a presença das famílias dos catequizandos.

Preparação do ambiente

- Cadeiras em círculo, ao redor de uma mesa bem arrumada com o presépio sem o menino Jesus, que entrará em procissão (também pode-se colocar o presépio no chão, no centro do círculo.). Colocar velas coloridas ao redor do presépio (se possível.)
- A imagem do menino Jesus entrará no momento indicado.

PASSOS DA CELEBRAÇÃO

 Um menino nos foi dado

Catequista: Em nome do Pai....

Todos: Ó Senhor, Deus da Luz, abre nosso caminho para celebrar tua chegada.

Catequista: É Natal, festa de alegria e esperança. Um menino nos foi dado!

Todos: Ele é o menino Jesus, Deus conosco!

Catequista: O povo que andava nas trevas viu uma grande luz..." (3x)

(Acendem-se as velas ao redor do presépio e nas mãos das crianças)

Todos: "Glória a Deus nas alturas, e paz na terra a quem Ele quer bem".

Música: Glória a Deus nas alturas

(Durante o canto, entra em procissão, a Palavra de Deus e a imagem do Menino Jesus que será colocada no presépio.)

 A Palavra se fez criança

Catequista: Vamos ouvir a leitura do Evangelho de Lucas 2,8-14.

(Apagam-se as velas após a leitura.)

Música: Noite Feliz

 Saborear a alegria do Natal!

Leitor 1: O Natal é uma festa de alegria, de uma notícia maravilhosa. O anjo é muito preciso: *"Eu vos anuncio uma grande alegria para todo o povo: Nasceu para vós o Salvador"*.

Todos: O Povo que andava nas trevas viu uma grande luz!

Leitor 2: A alegria do Natal nos dá uma esperança inimaginável: Deus veio à família humana. A estrela anunciou que a paz brilhou na escuridão de todas as noites. É tempo de adorar o Menino Jesus.

Todos: O Povo que andava nas trevas viu uma grande luz!

Leitor 3: No Natal Deus se faz criança pobre, que nasce na periferia do mundo, numa manjedoura, para que ninguém se sentisse distante d'Ele.

Todos: O Povo que andava nas trevas viu uma grande luz!

 Rezar por um Natal de Paz

(Em pé, ao redor do presépio.)

Catequista: Ó Deus, amado de nossas vidas, nós te agradecemos pela companhia em nossa caminhada catequética e pelo Teu Filho Jesus.

Todos: Aumenta, em cada um de nós, a Paixão pelo teu Filho: o menino Jesus.

Leitor 4: Faz de nós testemunhas do teu amor, bondade, ternura.

Todos: Alarga o nosso coração para acolher teu Filho que chega no Natal.

Leitor 5: Que o Natal consiga quebrar os muros do orgulho, da arrogância e do medo e nos traga a Paz no mundo.

Todos: Fica conosco, Senhor Jesus!

Música: Minha luz é Jesus e Jesus me conduz pelos caminhos da paz (bis).

 **Bênção**

Catequista: Um Menino nos foi dado! Ele é a esperança de que tudo pode ser modificado, de que a novidade de Deus pode nascer em nossas vidas.

Todos: E o amor se fez criança e viveu entre nós!

Catequista: O Senhor esteja com vocês:

Todos: Ele está no meio de nós.

Catequista: Que Deus nos abençoe em seu amor de Pai, Filho e Espírito Santo. Amém

(Motivar o abraço da paz)

REFERÊNCIAS

ALBERICH, E. *Catequese evangelizadora*: manual de catequética fundamental. São Paulo: Salesiana, 2004.

Bíblia Sagrada. Petrópolis: Vozes, 2005.

BROSHUIS, I.; TREVIZAN, L. & GUIMARÃES, E. *O belo, O lúdico e o místico na catequese*. Belo Horizonte: O Lutador, 2014.

Catequese hoje. Apresenta textos com comentário espiritual do evangelho dominical elaborados pelo Pe. Adroaldo Palaoro sj. Disponível em: https://catequesehoje.org.br/raizes/espiritualidade.

CONFERÊNCIA NACIONAL DOS BISPOS DO BRASIL. *Iniciação à Vida Cristã*. Brasília: Edições CNBB, 2017. [Documentos da CNBB, 107].

_____. *Diretório Nacional de Catequese*. São Paulo: Paulinas, 2006 [Documento da CNBB, 84].

DEL-FRARO FILHO, J. *Os obstáculos ao amor e à fé – O amadurecimento humano e a espiritualidade cristã*. São Paulo: Paulus, 2010.

GOPEGUI SANTOYO, J.A.R.. *Experiência de Deus e catequese narrativa*. São Paulo: Loyola, 2010.

KONINGS, J. *Ser cristão – Fé e prática*. 5. ed. Petrópolis: Vozes, 2011.

MENDONÇA, J.T. *Pai-nosso que estais na terra*. São Paulo: Paulinas, 2017.

_____. *A leitura infinita*: A Bíblia e a sua interpretação. São Paulo: Paulinas/ Recife: UNICAP, 2015.

OLENIKI, M.R.L. & MACHADO, L.M.P. *O encontro de catequese*. 2. ed. Petrópolis: Vozes, 2000.

PIRES, D. *A estrela e a busca*. Rio de Janeiro: Gráfica Olímpica Editora, 1977.

Sugestões de músicas (CDs)

CARROSSEL. Volume 2. Gravadora Records, 2012.

JORGE, E. *Pérolas em Canções*. Canção Nova.

FABRETTI, Frei & SARDENBERG, M. *Os salmos das crianças*. Paulinas-Comep.

GRUPO MUSICAL IR. TECLA MERLO. *Vamos animar e celebrar*. Paulinas-Comep.

PATRÍCIO, Ir. Zélia. *A bonita arte de Deus* 1. Paulinas-Comep.

PEQUENOS CANTORES DE APUCARANA. *A voz dos pequeninos*. Paulinas-Comep.

_____. *Encontro feliz e a festa dos amiguinhos de Jesus*. Paulinas-Comep.

PEQUENOS CANTORES SANTUÁRIO SANTA EDWIGES-SP. *Sementinha 3 e 4*. Paulinas-Comep.

Pe. ZEZINHO. *Lá na terra do contrário e Deus é bonito*. Paulinas-Comep.

_____. *Coisas que já sei*. Paulinas-Comep.

SARDENBERG, M. *Sementinha 1, 2*. Paulinas-Comep.

SERRALVA, M. *Turminha do Tio Marcelo*.

Sugestões de Sites

www.catequesehoje.org.br – com indicações de conteúdos para a formação do catequista, sugestões de dinâmicas e recursos (músicas, filmes, poemas, vídeos e outros) para os encontros catequéticos.

www.catequesedobrasil.org.br – com indicações de conteúdos para a formação do catequista.

Anotações

Anotações

Anotações

Anotações

Conecte-se conosco:

 facebook.com/editoravozes

 @editoravozes

 @editora_vozes

 youtube.com/editoravozes

 +55 24 2233-9033

www.vozes.com.br

Conheça nossas lojas:
www.livrariavozes.com.br

Belo Horizonte – Brasília – Campinas – Cuiabá – Curitiba
Fortaleza – Juiz de Fora – Petrópolis – Recife – São Paulo

EDITORA VOZES LTDA.
Rua Frei Luís, 100 – Centro – Cep 25689-900 – Petrópolis, RJ
Tel.: (24) 2233-9000 – E-mail: vendas@vozes.com.br

Conecte-se conosco:

 facebook.com/editoravozes

 @editoravozes

 @editora_vozes

 youtube.com/editoravozes

 +55 24 2233-9033

www.vozes.com.br

Conheça nossas lojas:
www.livrariavozes.com.br

Belo Horizonte – Brasília – Campinas – Cuiabá – Curitiba
Fortaleza – Juiz de Fora – Petrópolis – Recife – São Paulo

EDITORA VOZES LTDA.
Rua Frei Luís, 100 – Centro – Cep 25689-900 – Petrópolis, RJ
Tel.: (24) 2233-9000 – E-mail: vendas@vozes.com.br